W0313164

RÉUSSIR AUX TESTS D'EMBAUCHE

RÉUSSIR AUX TESTS D'EMBAUCHE

Chantal de Séréville

Le Livre de Poche

© Librairie générale française, 2005.

Introduction

Que sont les tests d'embauche ? Il s'agit d'une série de questions auxquelles le candidat doit répondre dans un temps imparti, fournissant ainsi au recruteur des informations sur ses capacités intellectuelles : compréhension, faculté d'abstraction, raisonnement, etc., ainsi que sur sa maîtrise de soi. Que vous soyez à la recherche d'un emploi ou briguiez une promotion, vous pouvez vous trouver confronté à des tests d'entreprise.

Dans le chapitre 1, le test de niveau vous donnera d'ores et déjà une première estimation de vos aptitudes. Comprenez-vous bien ce que l'on vous demande ? Êtes-vous rapide ? Êtes-vous calme ? Savez-vous gérer le temps imparti ?

Autant de questions que vous approfondirez au fil des pages du chapitre 2. Dans ce deuxième chapitre, vous trouverez toute une panoplie d'exercices pouvant figurer dans des tests d'embauche. À la fin, vous en trouverez les solutions, ainsi qu'une explication qui vous aidera à en comprendre le sens. Les solutions sont donc une partie extrêmement importante, à lire avec beaucoup d'attention et à prendre très au sérieux.

Dans le chapitre 3, vous aurez la possibilité d'évaluer vos progrès avec le grand test de contrôle. Un conseil : ne vous y lancez pas avant d'avoir répondu à tous les tests du chapitre 2. Cela risquerait de vous décourager, alors que si vous faites les choses dans l'ordre, vous progresserez de manière continue, ce qui vous donnera confiance en vous.

Le but des tests d'embauche est d'aider à trouver l'adéquation la plus parfaite possible entre un candidat et le poste à pourvoir. N'oubliez pas, toutefois, que vous êtes plusieurs candidats pour ce poste, que le recruteur aura donc à faire une sélection. Si vous êtes écarté, cela ne veut pas dire que vous ne correspondez pas au poste ou que vous êtes mauvais ; n'en prenez pas ombrage, ne remettez pas en question vos qualités et aptitudes, ne vous effondrez pas. Dans leur choix, les recruteurs tiennent également compte d'autres éléments : profil psychologique du candidat, enthousiasme, ouverture d'esprit, ambitions, faculté d'adaptation au profil de l'entreprise et… un sentiment d'atomes crochus.

Pensez aussi que le recruteur, lui, est demandeur d'une personne qui réponde à ses souhaits ; il a autant besoin de vous que vous de lui. Et s'il a un choix de candidat à faire, vous, vous avez le choix de votre entreprise.

Alors, donnez-vous tous les atouts pour réussir dans votre recherche d'un emploi : ce livre vous familiarisera avec les différents types de questions susceptibles de vous être posées. Afin de vous aider à répondre vite et bien, nous avons volontairement répété certaines questions : il est important qu'elles soient pour vous sans surprise. Ces tests ne sont pas standardisés ; nous les avons voulu ludiques, de présentation agréable ; d'ailleurs, peut-être l'avez-vous remarqué, ils figurent presque tous, sous forme de jeux, à la télévision et dans plusieurs magazines. Mais ils mettent en jeu les mêmes mécanismes que ceux utilisés par les entreprises : vous serez donc en terrain de connaissance le jour où vous en aurez besoin.

Chapitre 1

Test de niveau

Temps imparti
5 minutes

Plutôt que d'essayer de répondre à certaines questions par-ci par-là et surtout de regarder leurs solutions, commencez par ce test d'évaluation afin de connaître votre niveau de départ. Lorsque vous ferez le test de contrôle final, vous verrez ainsi quels progrès vous avez réalisés.

Le temps imparti pour ce test est de 5 minutes. Faites d'abord les questions les plus simples, puis revenez aux plus compliquées à la fin. Vous répondrez ainsi à un plus grand nombre de questions, au lieu de sécher longtemps sur quelques-unes. Ne paniquez pas : 5 minutes c'est long. Et un bon conseil : efforcez-vous de comprendre parfaitement le sens de chaque question avant d'y répondre ; vous gagnerez un temps précieux.

Test 1

Quelle figure (a, b, c, d ou e) continue logiquement la série ?

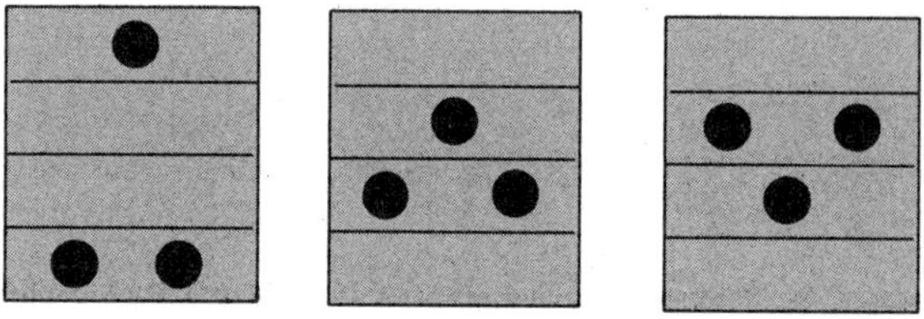

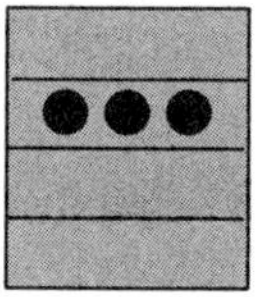

a

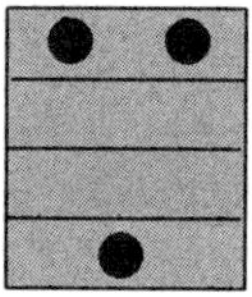

b

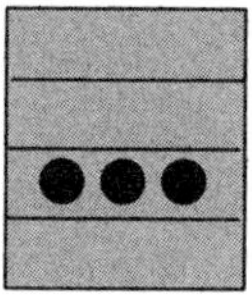

c

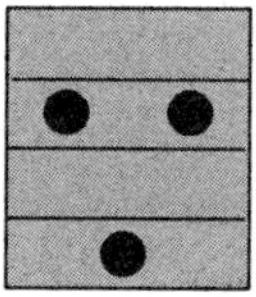

d

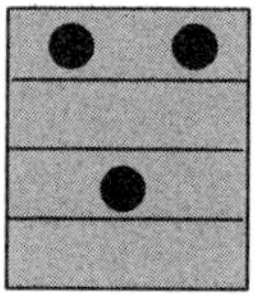

e

Test 2

Quelle figure (a, b, c, d ou e) complète logiquement la matrice ?

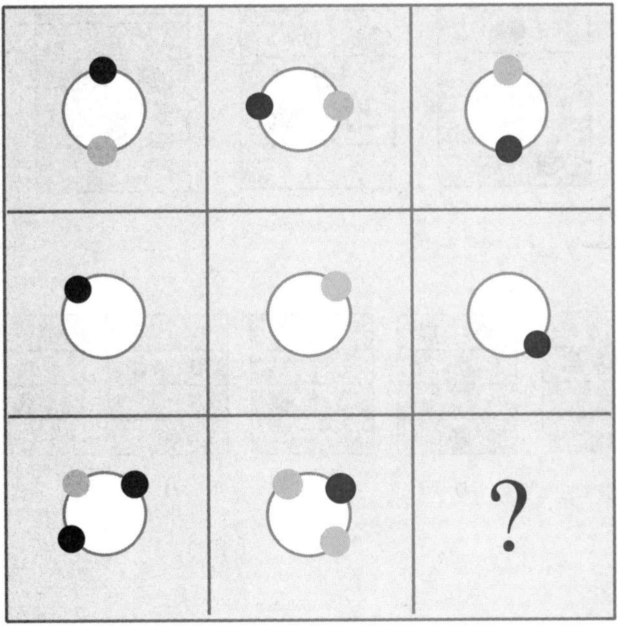

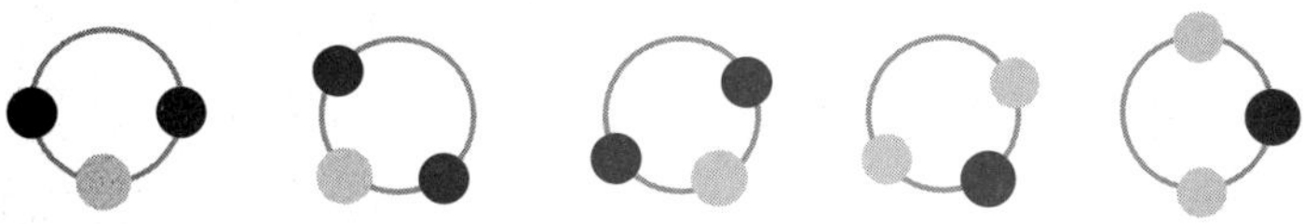

a b c d e

Test 3

Quelle est la valeur de la grille avec le point d'interrogation ?

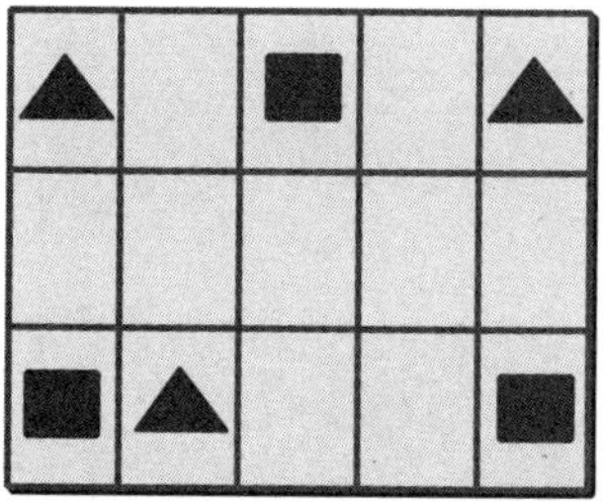

15

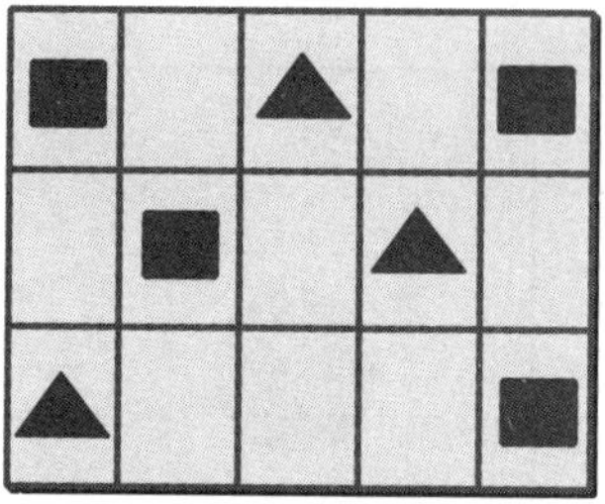

17

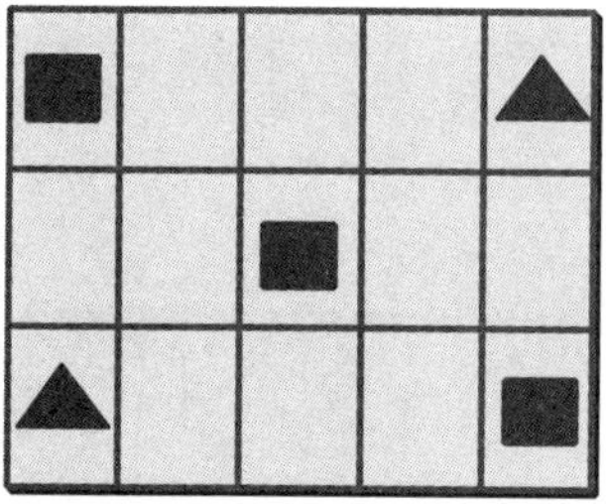

?

Test 4

Quelles lettres doivent logiquement s'inscrire à la place des points d'interrogation ?

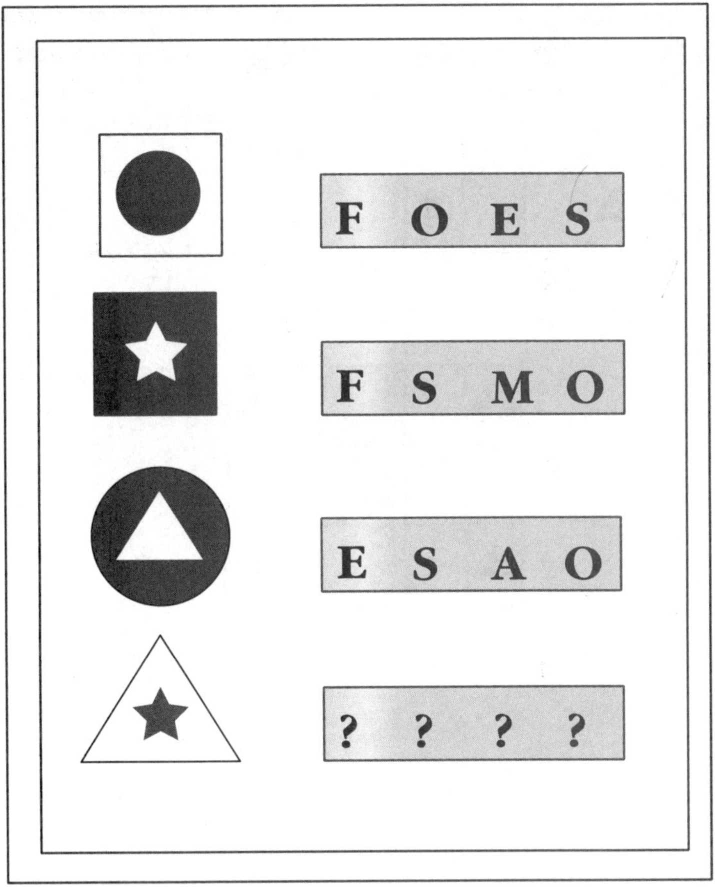

Test 5

Quel nombre faut-il placer dans les cases vierges en bas, sachant que : les chiffres situés à l'extérieur, à gauche de la grille, correspondent au nombre de chiffres qui, dans cette rangée, figurent dans le nombre à trouver et que ceux situés à droite représentent le nombre de chiffres qui, parmi ceux-ci, se trouvent à leur bonne place dans le nombre à trouver.

4	4	2	7	3	0	3
2	2	6	5	0	8	0
1	4	5	1	6	8	1
3	8	6	1	7	0	2
4	2	8	7	0	3	0

Test 6

Quelles doivent être logiquement les cartes cachées ?

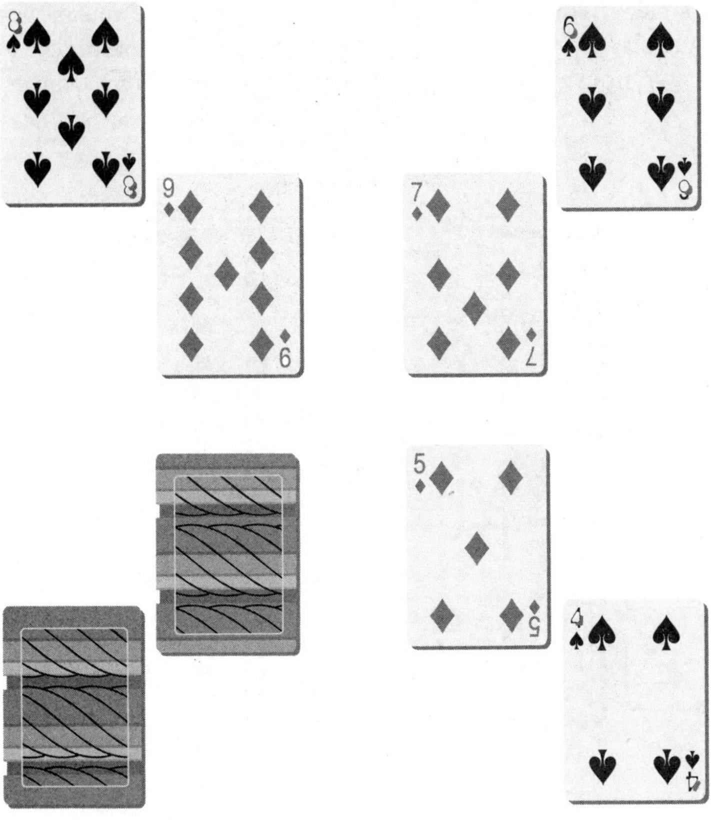

Test 7

Quel doit être logiquement le domino caché ?

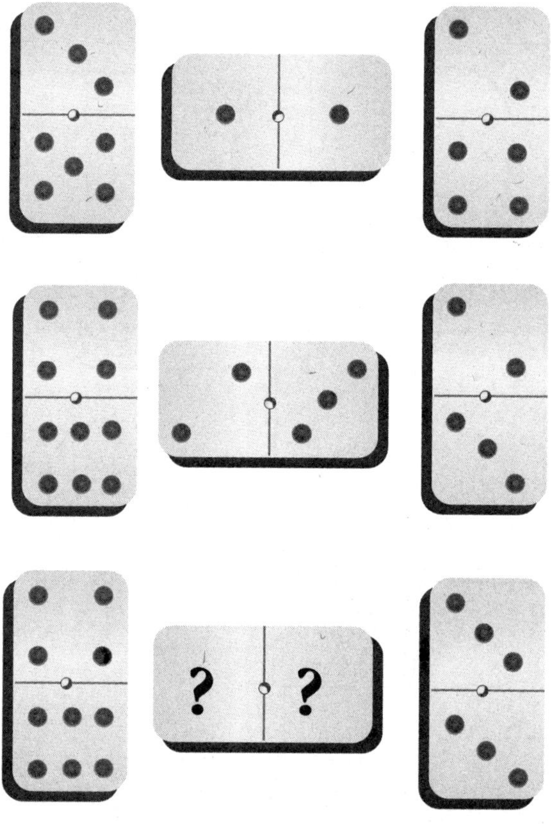

Test 8

Quelle figure (a, b, c ou d) n'est pas un extrait de la figure située au-dessus ?

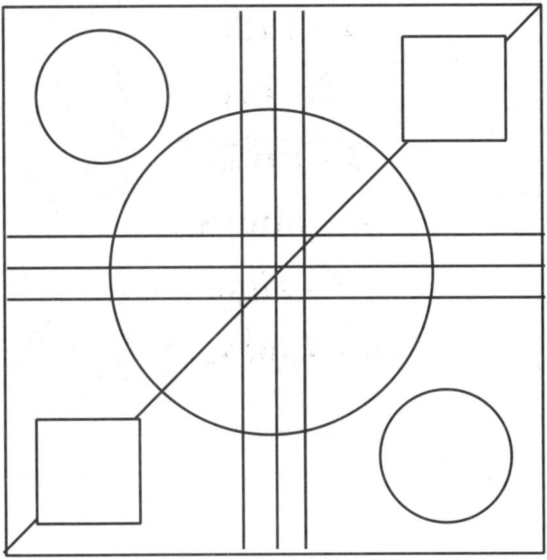

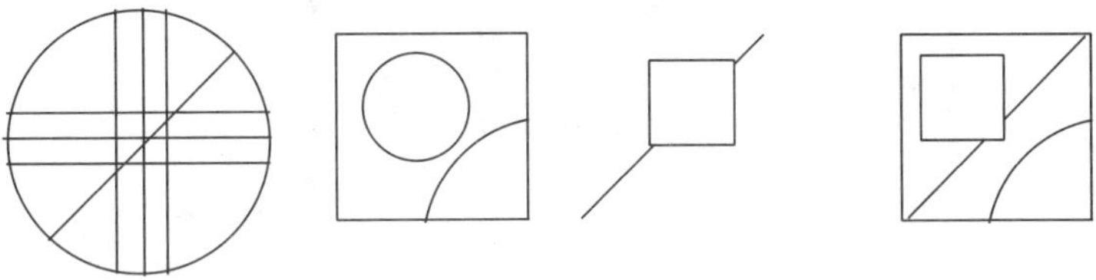

a b c d

Test 9

Soulignez dans la série ci-dessous le mot dont le sens diffère de celui des autres.

1 - radin

2 - rat

3 - rapiat

4 - pingre

5 - aigle

6 - vautour

Test 10

Quelle est la figure ?
Elle n'est pas à l'extrême droite.
Elle est à gauche de l'étoile, mais ne la côtoie pas.
Elle n'est pas immédiatement à droite du rond.

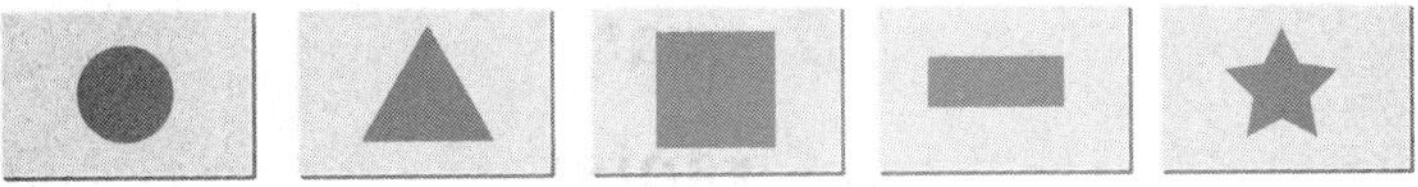

Test 11a

Mémorisez bien ces écussons, leur emplacement respectif, leur dessin, puis passez à la page suivante.

Test 11b

Quel écusson ne figurait pas à la page précédente ?

Solutions

Test 1

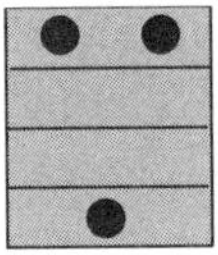

b

Les deux points montent d'une rangée à chaque fois.
Le point unique descend d'une rangée à chaque fois.

Test 2

c

Sur chaque rangée, les points tournent autour du cercle d'un quart de tour dans le sens des aiguilles d'une montre.
La couleur des points change systématiquement d'une case à l'autre.

Test 3

12

Le carré a une valeur de 2 ; le triangle, de 3.

Test 4

A O M S

1re et 3e lettres = formes : cercle = E, triangle = A, carré = F, étoile = M.
2e et 4e lettres = couleurs : foncée = S, claire = O.

Test 5

7	2	1	3	0

Solutions

Test 6

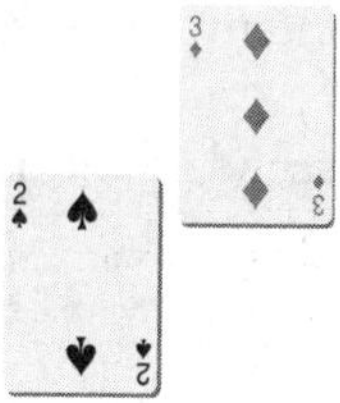

Les cartes se lisent en décroissant en sautant une carte entre chaque groupe. À l'extérieur on a des piques, à l'intérieur des carreaux.

Test 7

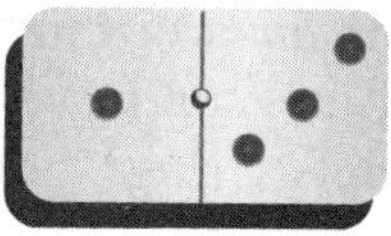

La colonne de droite représente la différence de points entre le domino de gauche et celui du centre. Moitié haute du domino de gauche – moitié gauche du domino central = moitié haute du domino de droite.

Test 8

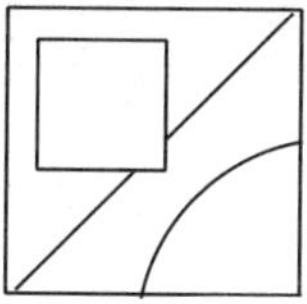

d

Test 9

5 - « Aigle » évoque l'intelligence, les autres mots signifiant « avare ».

Test 10

Le carré.

Résultats et commentaires

Comptez 6 points par réponse exacte.

Vous avez entre 0 et 18 points :
Inférieur à la moyenne

Il est évident que vous avez des difficultés dans certains domaines. Le test n'était pas facile, et les éléments très divers. Les tests suivants vous permettront de vous entraîner, et de vous améliorer dans les exercices où vous réussissez le moins bien.

Vous avez entre 24 et 36 points :
Dans la bonne moyenne

Vos résultats se situent dans la moyenne. Vous réfléchissez, c'est sûr, mais semblez avoir quelque difficulté ou aversion pour certains types de questions. En vous entraînant avec les tests suivants, vous devriez passer assez rapidement dans la catégorie supérieure.

Vous avez plus de 36 points :
Supérieur à la moyenne

Vous vous situez à un niveau supérieur à la moyenne, et nous vous en félicitons. Vous allez vous sentir très à l'aise face aux tests d'entreprise. Cependant, vous avez encore quelques points faibles ; peut-être ne comprenez-vous pas toujours la question. En faisant les tests suivants, essayez de bien en déceler les mécanismes : vous verrez que vous pourrez encore améliorer votre score.

Chapitre 2

Entraînement

1 – Séries visuelles

Temps imparti
5 minutes

Le principe de ces tests est simple. Il s'agit soit de compléter une série de figures, soit de déceler un « intrus » dans une suite d'éléments.

Dans le premier cas, le candidat se trouve face à une série de trois ou quatre figures, et doit trouver, parmi différentes propositions, celle qui, logiquement, doit figurer à la suite. Dans certains tests d'embauche, la question n'est même pas posée : vous voyez une série de figures, une autre au-dessous, et vous devez savoir quoi faire. C'est la raison pour laquelle plus vous serez familiarisé avec ce genre de tests, moins vous mettrez de temps à comprendre. Pour y répondre correctement, il faut bien étudier les différences entre les figures de la série à compléter. Il s'agit, en général, de déplacements d'éléments à l'intérieur d'une forme (cercle, carré, triangle, etc.). Ces déplacements se font selon différents degrés et orientations. Dans certaines grilles, les éléments peuvent se déplacer de case en case, verticalement ou horizontalement ; ils peuvent disparaître au bout de la grille et réapparaître de l'autre côté ou revenir en arrière ; ils peuvent être cachés par un autre symbole qui viendrait sur le même emplacement, etc. Les déplacements peuvent être faits élément par élément ou par groupe de deux.

Dans le second cas, il s'agit d'une suite de figures où un « intrus » n'obéit pas à la même logique que les autres. Encore une fois, il s'agira de comparer les différents éléments entre eux, pour déceler les différences et découvrir cette logique.

Test 1

Quelle figure (a, b, c ou d) complète logiquement la série ?

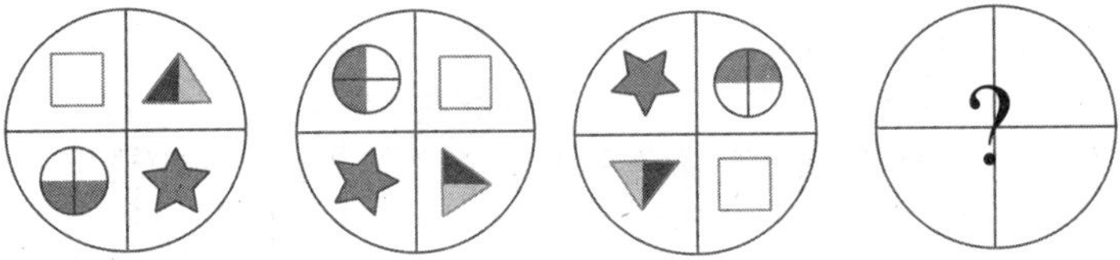

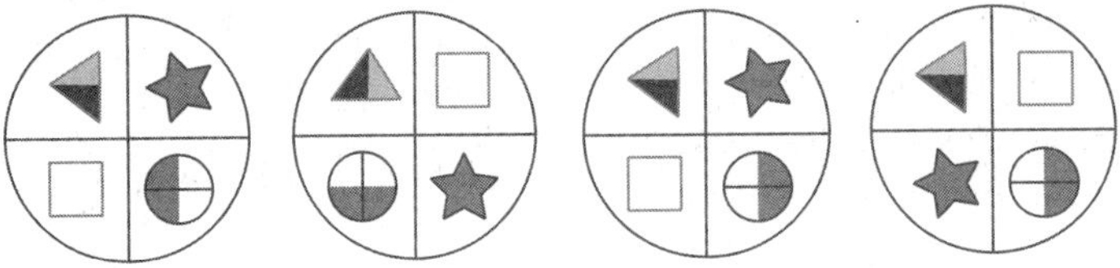

a b c d

Test 2

Quel est l'intrus ?

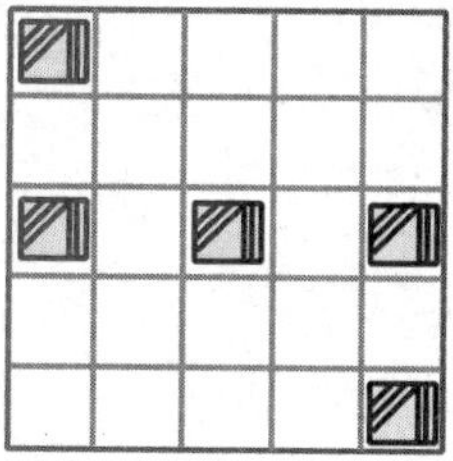

a

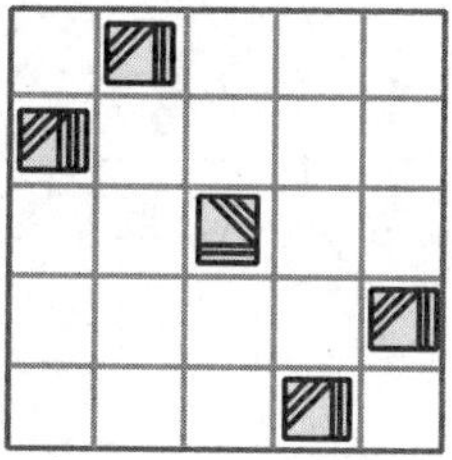

b

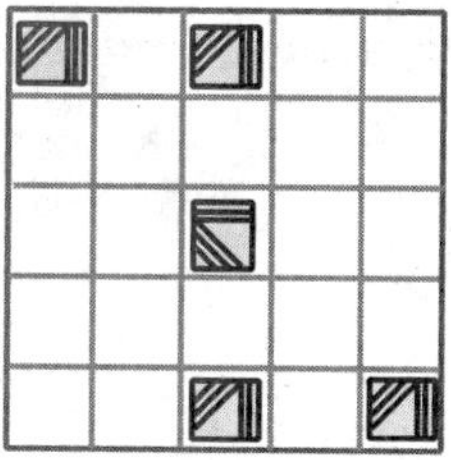

c

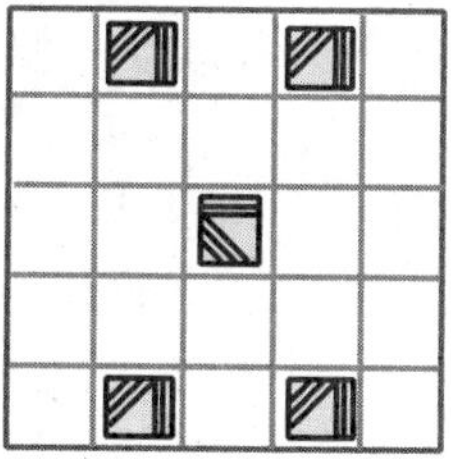

d

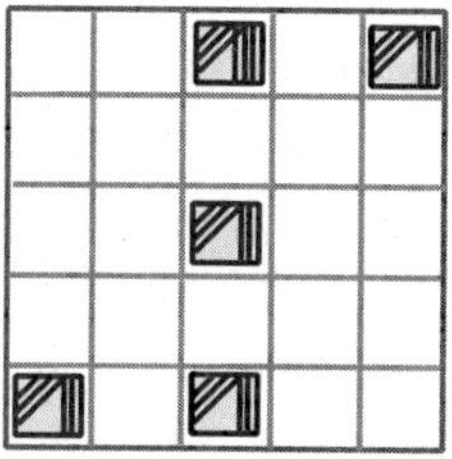

e

Test 3

Quelle figure (a, b, c ou d) complète logiquement la série ?

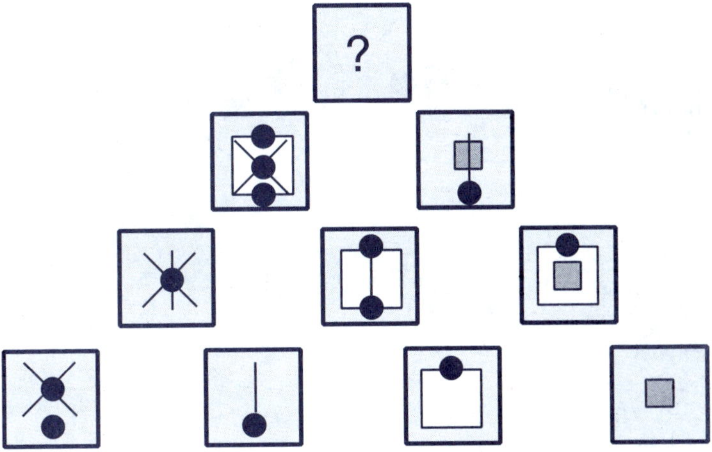

Test 4

Quelle figure (a, b, c ou d) continue logiquement la série ?

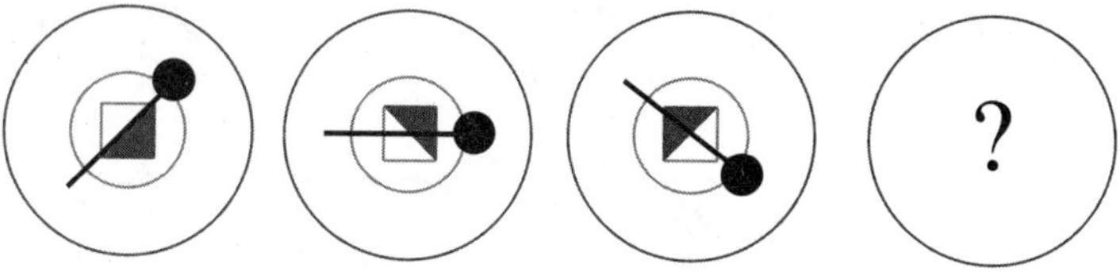

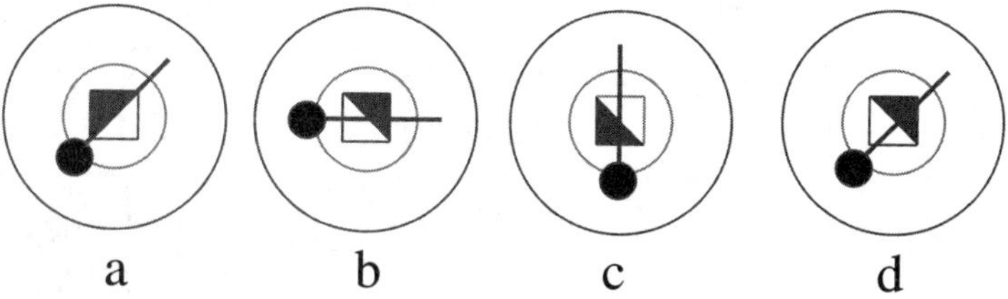

Test 5

Quelle figure (a, b, c ou d) continue logiquement la série ?

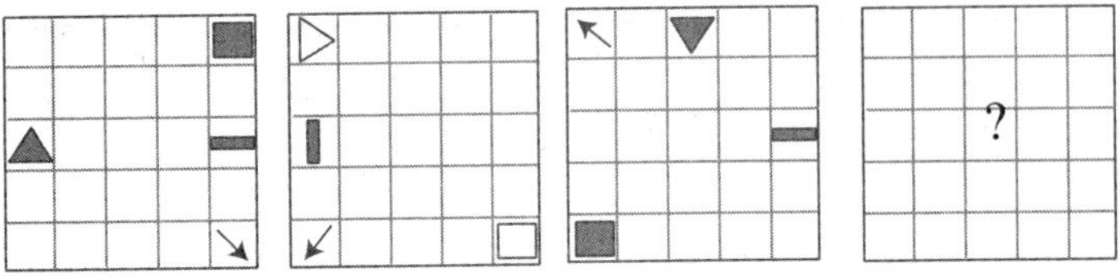

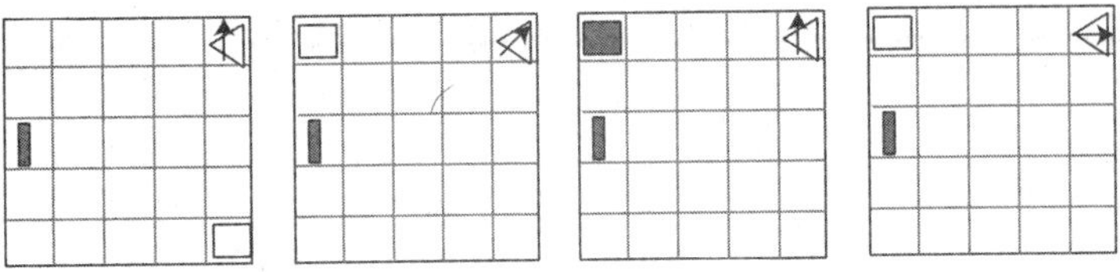

a b c d

Test 6

Quelle figure (a, b, c ou d) doit poursuivre cette séquence ?

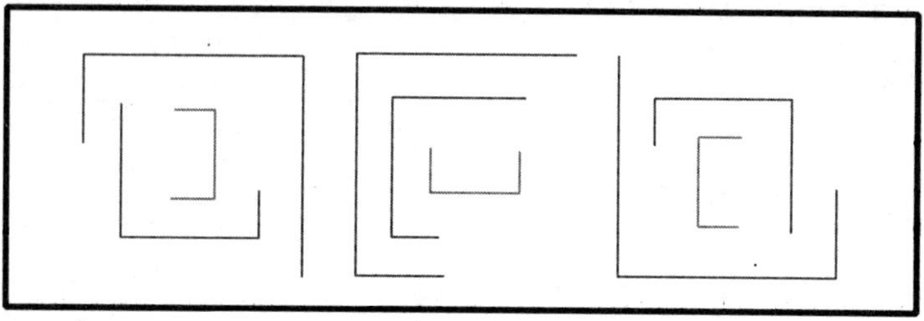

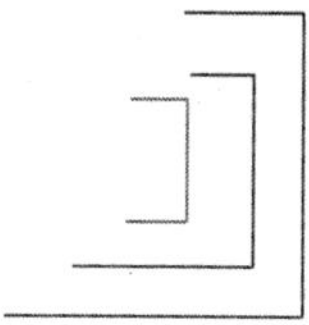

a

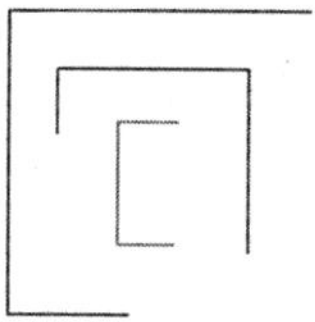

b

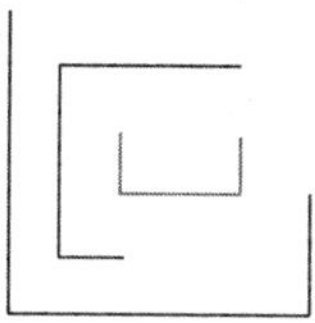

c

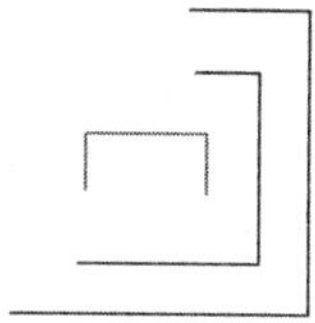

d

Test 7

Quelle figure (a, b, c ou d) continue logiquement la série ?

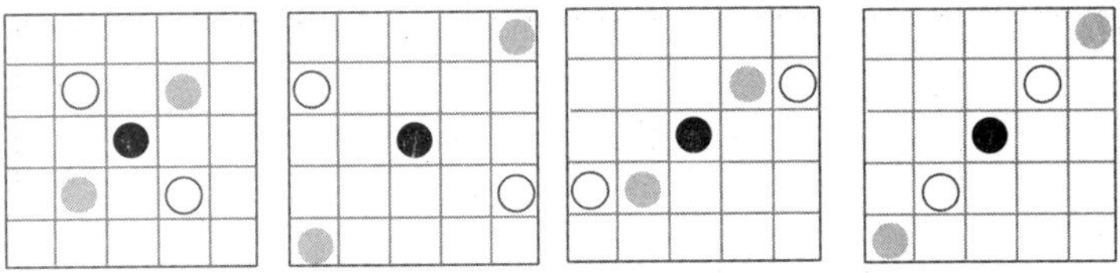

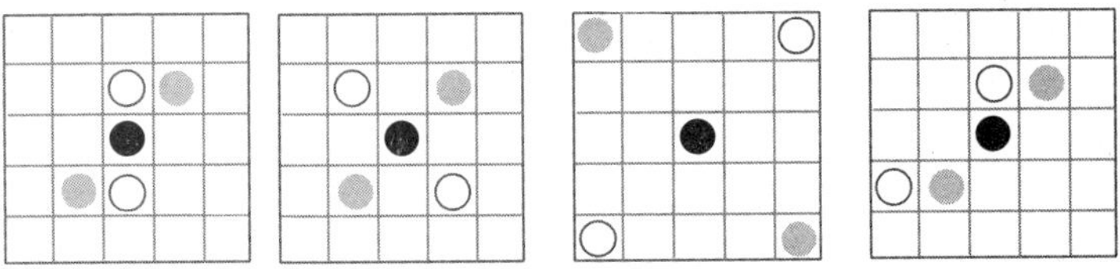

a b c d

Test 8

Laquelle parmi les figures a, b, c, d doit remplacer la case avec le point d'interrogation pour compléter la série ?

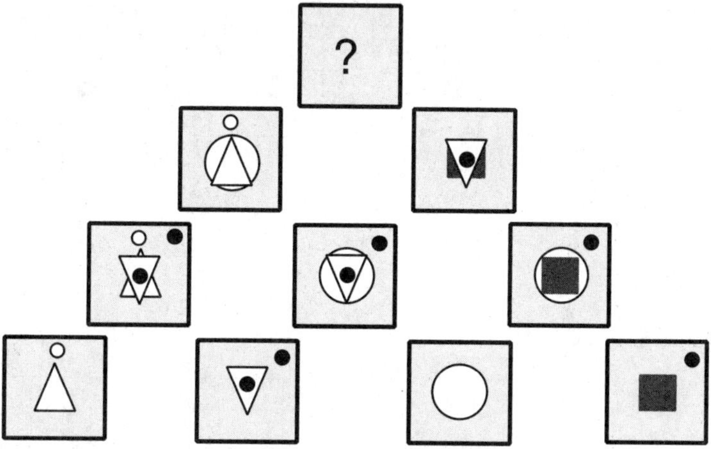

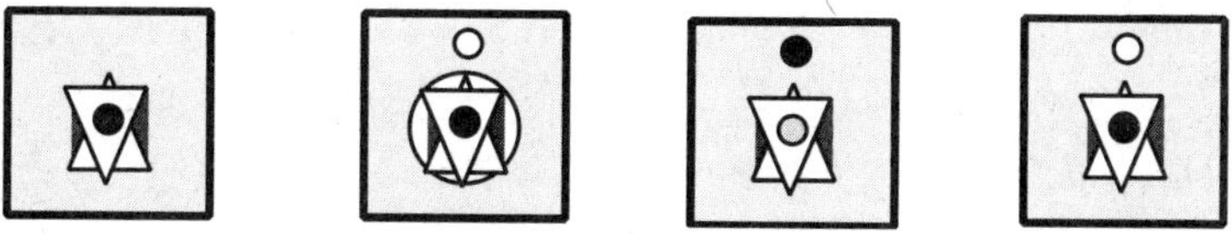

a b c d

Test 9

Laquelle parmi les figures a, b, c, d doit remplacer la case avec le point d'interrogation pour compléter la série ?

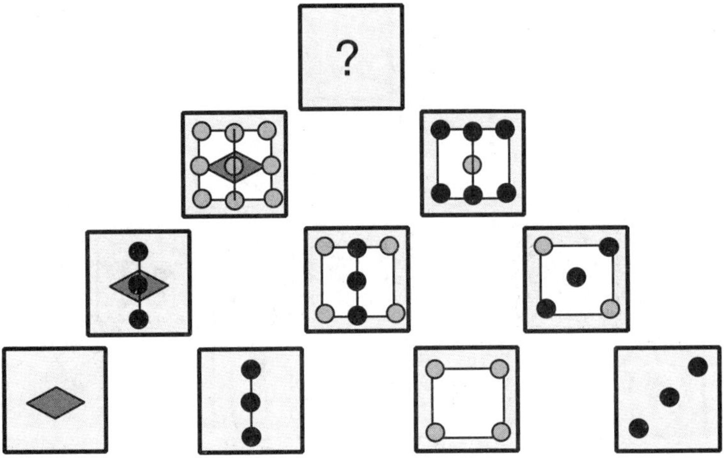

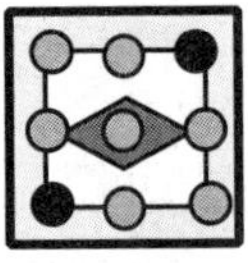

a

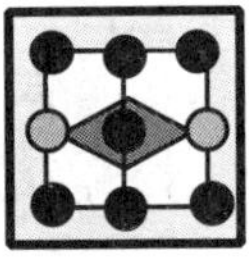

b

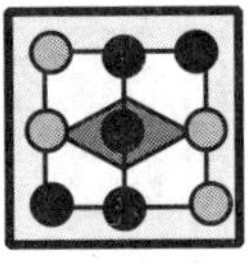

c

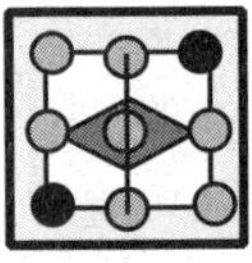

d

Test 10

Laquelle parmi les figures a, b, c, d doit remplacer la case avec le point d'interrogation pour compléter la série ?

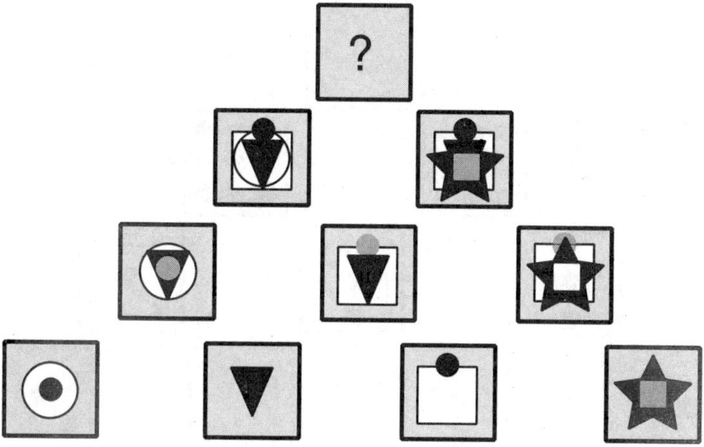

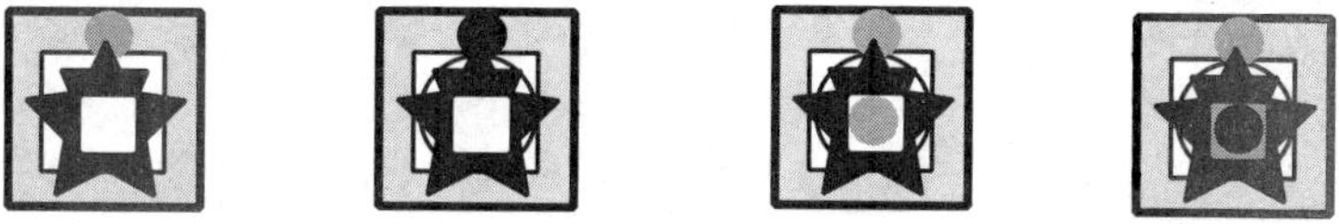

a b c d

Solutions

Test 1

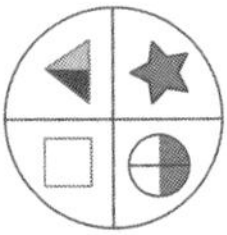

c

Les figures tournent d'un quart de tour dans le sens des aiguilles d'une montre.

Test 2

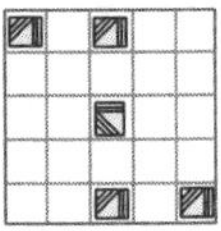

c

Les rectangles dans les grilles se déplacent d'une case dans le sens des aiguilles d'une montre, autour du cadre. Celui du centre tourne sur lui-même d'un quart de tour dans le même sens.

Le rectangle du centre de la grille ne répond pas à cette règle.

Test 3

d

Chacune des figures s'obtient en superposant les deux figures situées juste au-dessous d'elle. Lorsque deux traits ou points se superposent, ils s'annulent.

Test 4

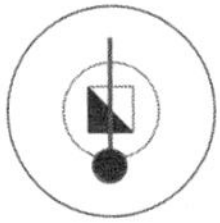

c

La flèche avec le point tourne dans le cercle de 45° dans le sens des aiguilles d'une montre.

Le carré tourne dans le sens inverse et d'un quart de tour aussi.

Test 5

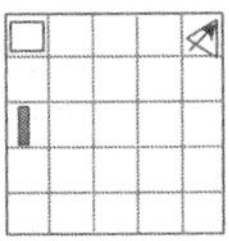

b

Le triangle, la flèche et le carré se déplacent dans le sens des aiguilles d'une montre. La flèche et le carré se déplacent d'angle en angle ; le triangle, de 2 cases en 2 cases. Le triangle et la flèche pivotent chaque fois de 90°. Le rectangle va d'une extrémité à l'autre de la même bande horizontale et change chaque fois de sens (horizontal/vertical).

Le triangle et le carré changent chaque fois de couleur.

Solutions

Test 6

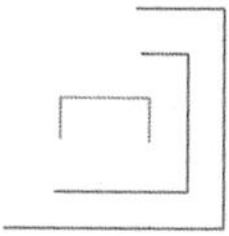

d

La figure extérieure tourne autour d'un axe central, de 90° dans le sens inverse des aiguilles d'une montre.
Les deux figures du centre tournent ensemble de 90° dans le sens des aiguilles d'une montre.

Test 7

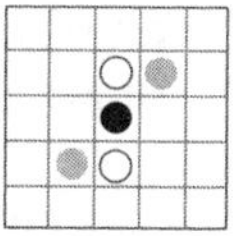

a

Les points blancs se déplacent horizontalement d'1 case; arrivés à la dernière case, ils apparaissent à l'extrémité opposée.
Le point noir reste fixe.
Les points gris se déplacent d'1 case en diagonale, s'éloignant et se rapprochant alternativement du point noir.

Test 8

b

Les figures d'en bas se superposent deux par deux pour former la figure située au-dessus. Lorsque deux mêmes formes se superposent, elles s'annulent.

Test 9

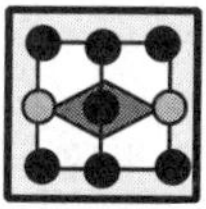

b

Les figures d'en bas superposées deux par deux forment la figure située au-dessus.
Lorsque deux points se superposent, ils changent de couleur, et lorsqu'un point noir vient sur un gris, il reste noir.

Test 10

c

Les figures sur chaque rangée se superposent deux par deux pour former la figure située au-dessus.
Lorsque les points et les petits carrés changent de case, ils changent de couleur.

Chapitre 2

Entraînement

2 – Matrices

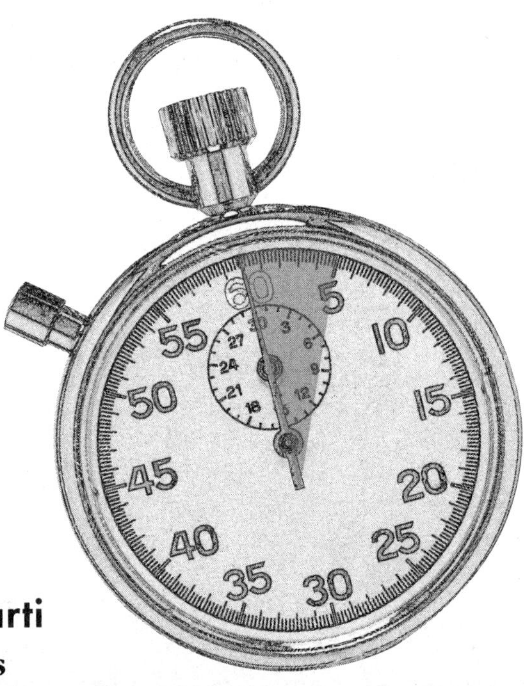

Temps imparti
5 minutes

Ces tests se présentent sous la forme d'une grille comportant différentes figures disposées selon une certaine logique. Deux types de matrices sont ici proposés.

Dans l'un figure une case vierge, pour laquelle vous devez trouver, parmi une série de propositions situées au-dessous, quelle est celle qui la remplacera.

Dans l'autre, une des cases numérotées présente une anomalie par rapport à la logique de l'ensemble. À vous de la déceler.

Test 1

Quelle figure (a, b, c, d ou e) doit compléter logiquement la matrice ?

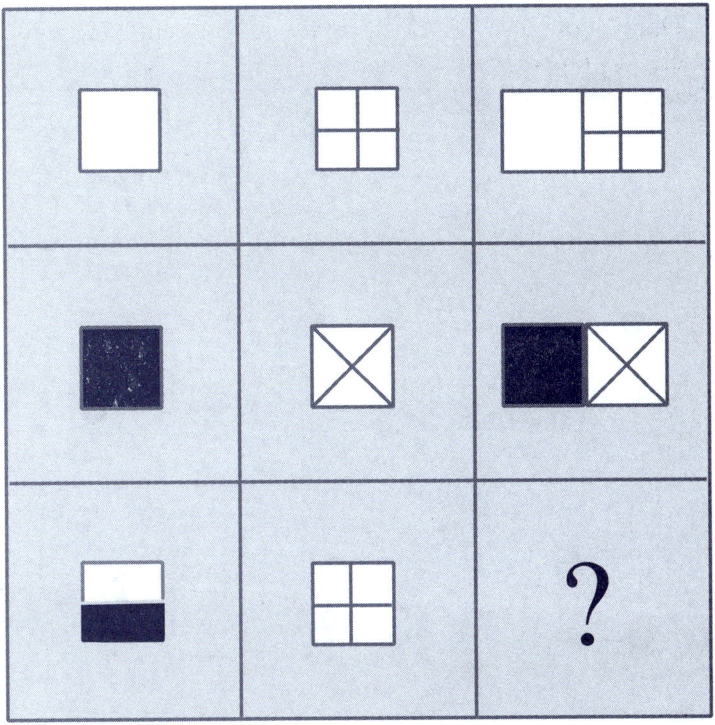

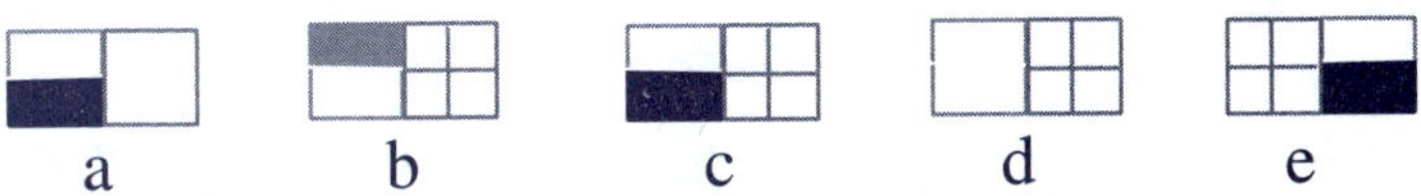

Test 2

Quelle figure (a, b, c, d ou e) doit compléter logiquement la matrice ?

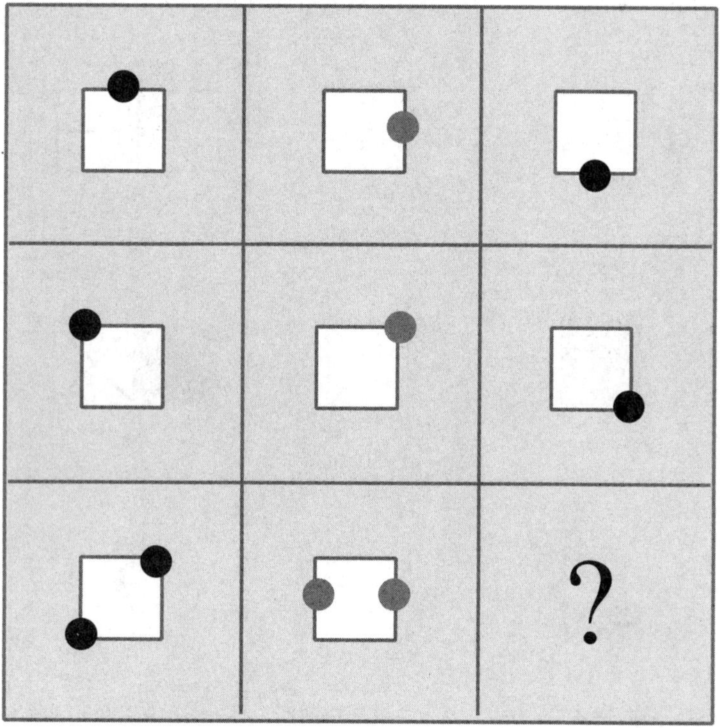

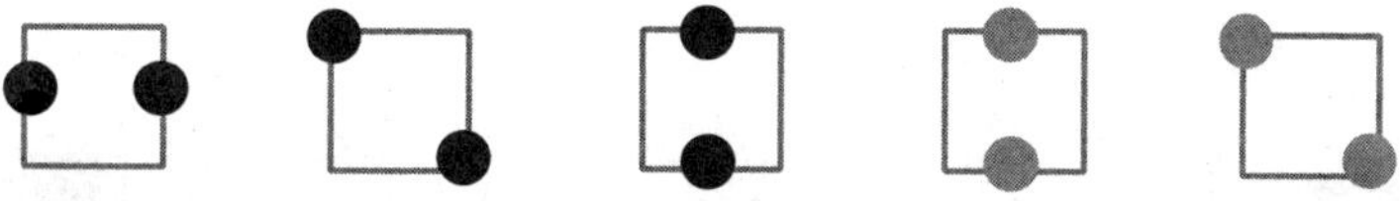

a b c d e

Test 3

Quelle figure (a, b, c, d ou e) doit compléter logiquement la matrice ?

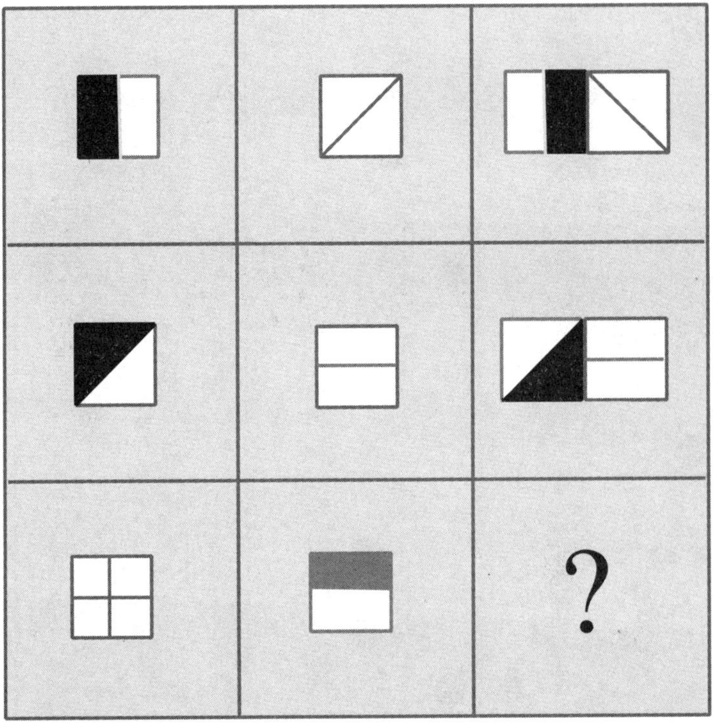

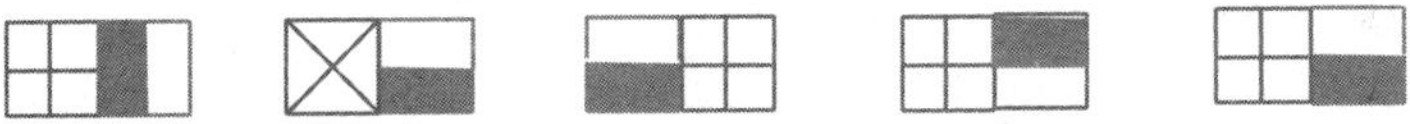

a b c d e

Test 4

Quelle figure (a, b, c, d ou e) doit compléter logiquement la matrice ?

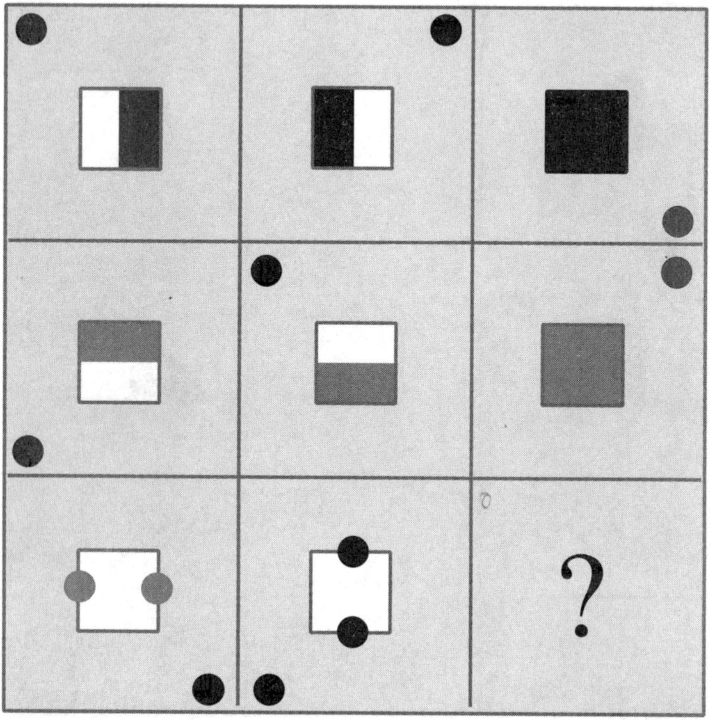

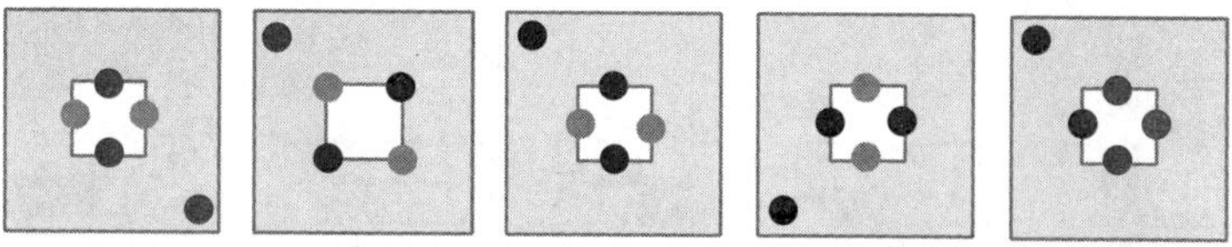

a b c d e

Test 5

Quelle case numérotée n'obéit pas à la logique de l'ensemble de la matrice ?

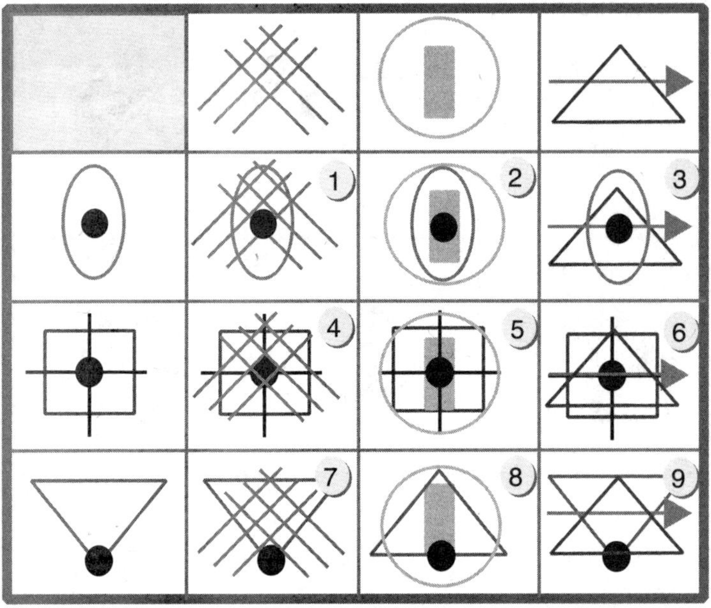

Test 6

Quelle figure (a, b, c, d ou e) doit compléter logiquement la matrice ?

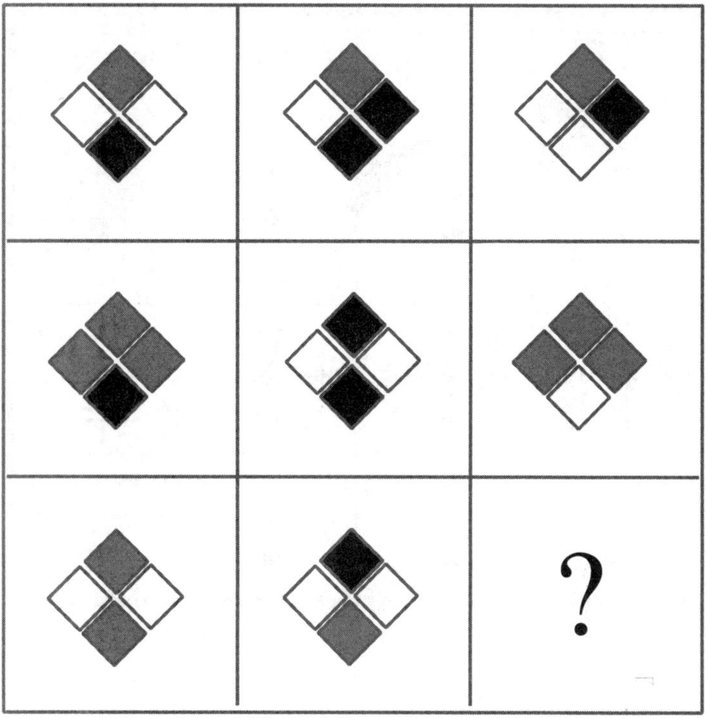

a

b

c

d

e

Test 7

Quelle figure (a, b, c, d ou e) doit compléter logiquement la matrice ?

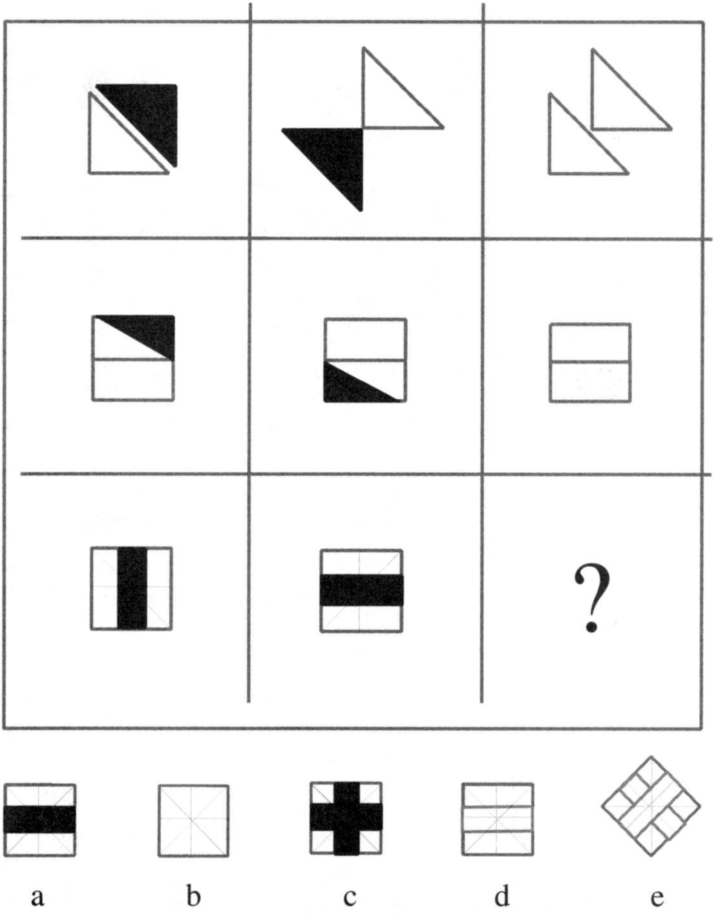

Test 8

Quelle case numérotée n'obéit pas à la logique de l'ensemble de la matrice ?

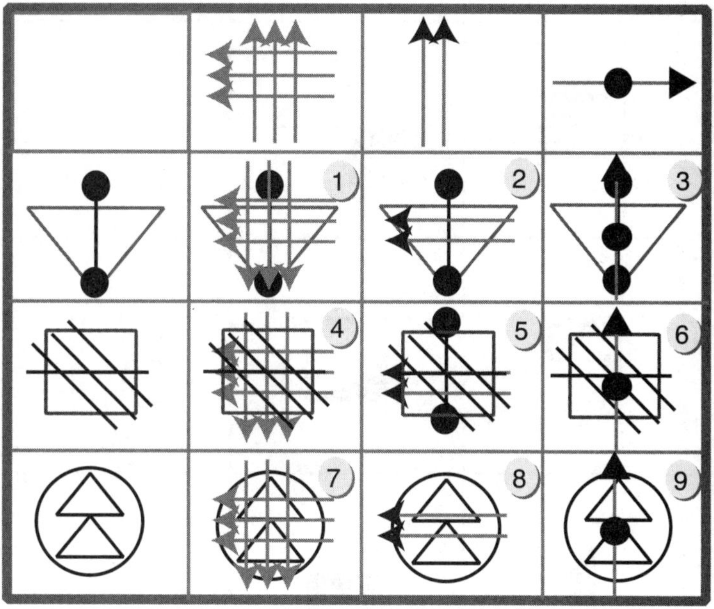

Test 9

Quelle case numérotée n'obéit pas à la logique de l'ensemble de la matrice ?

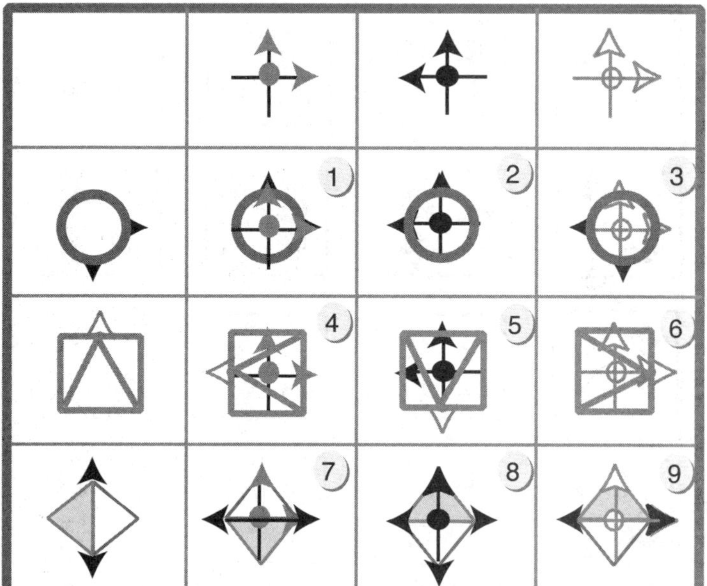

Test 10

Quelle figure (a, b, c, d ou e) doit compléter logiquement la matrice ?

a b c d e

Solutions

Test 1

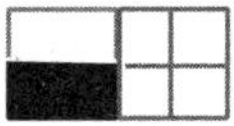

c

La figure de la colonne de gauche juxtaposée à celle du centre donne la figure de la colonne de droite.

Test 2

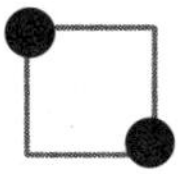

b

Sur chaque rangée, les points tournent autour du carré blanc d'un quart de tour dans le sens des aiguilles d'une montre.
La couleur des points change d'une case à l'autre.

Test 3

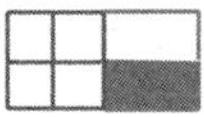

e

On tourne de 180° les figures de gauche et du centre, puis on les juxtapose pour obtenir la figure de la colonne de droite.

Test 4

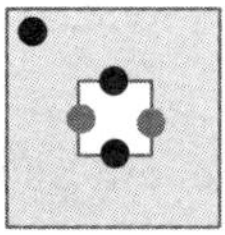

c

Les points se déplacent d'un angle à un autre de chaque figure centrale, dans le sens des aiguilles d'une montre.
Les figures de gauche et du centre se superposent.

Test 5

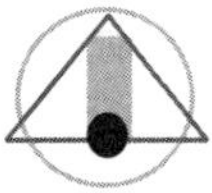

8)

Chacune des 3 figures de la 1re rangée se superpose successivement aux figures de la colonne de gauche.
La figure 8 n'obéit pas à la logique qui régit l'ensemble.

Solutions

Test 6

c

Les figures se superposent horizontalement. Gris sur gris reste gris ; noir sur noir devient blanc ; gris sur noir devient gris ; blanc sur blanc reste blanc ; noir sur blanc devient noir ; gris sur blanc devient gris.

Test 7

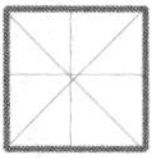

b

La figure de gauche et celle de droite se superposent dans la troisième case.
Les formes noires disparaissent.

Test 8

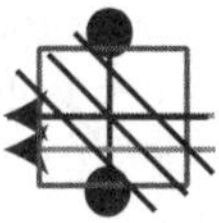

5

Superposition de la première figure de gauche avec la figure du haut tournée de 90° dans le sens contraire des aiguilles d'une montre.
La figure 5 n'obéit pas à la logique qui régit l'ensemble.

Test 9

8

Superposition de la figure du haut, avec celle de gauche. Celle-ci tourne de 90° dans le sens inverse des aiguilles d'une montre en avançant de case en case.
La figure 8 n'obéit pas à la logique qui régit l'ensemble.

Test 10

a

Chaque case comporte 4 figures qui changent de place dans les carrés suivants selon une même règle. Par exemple, la figure située en bas à gauche de chaque case se retrouve toujours dans la dernière case en haut à droite, etc.

Chapitre 2

Entraînement

---

3 – Suites logiques

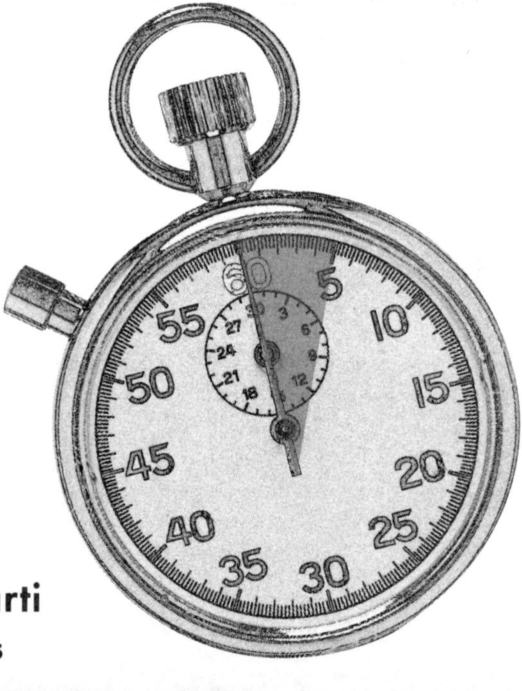

Temps imparti
5 minutes

Dans cette série de tests, il s'agit de définir des valeurs en comparant plusieurs éléments, qui peuvent se présenter sous des formes et des dispositions diverses.

Ainsi dans le premier test, le candidat se trouve devant quatre grilles où se cachent derrière des points des chiffres de 1 à 16, disposés selon un certain ordre, toujours le même pour l'ensemble des grilles. Pour trouver ces chiffres et leurs emplacements, le total de chaque rangée est donné à droite des grilles, et la valeur de l'ensemble en dessous. Ainsi pour la 1re rangée de la grille A, le total des points est de 5 : donc, les deux points noirs valent soit 2 et 3, soit 1 et 4. En comparant les trois grilles entre elles et les différentes valeurs indiquées, on doit trouver l'ensemble les chiffres, leurs emplacements et la valeur de la quatrième grille.

Test 1

Les ronds noirs remplacent des nombres de 1 à 16 (situés toujours à la même place dans les quatre grilles). Le total des points horizontaux se trouve à droite de chaque rangée, et la valeur totale de l'ensemble des points de chaque grille est donnée en bas de chaque grille.
Les valeurs des points des grilles A, B et C sont données ; pouvez-vous trouver celle de la grille D ?

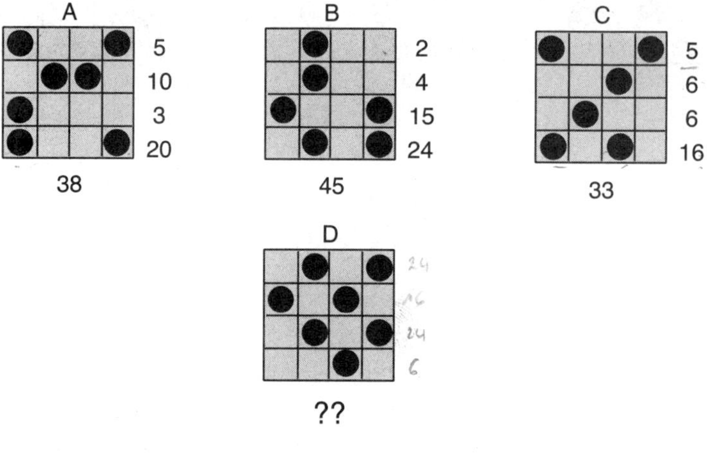

Test 2

Les ronds noirs remplacent des chiffres de 1 à 4 (situés toujours à la même place dans les grilles). Le total des points horizontaux se trouve à droite de chaque rangée, et la valeur totale de l'ensemble des points de chaque grille se situe en bas. Les valeurs des points des grilles A, B et C sont données, pouvez-vous trouver celle de la grille D ?

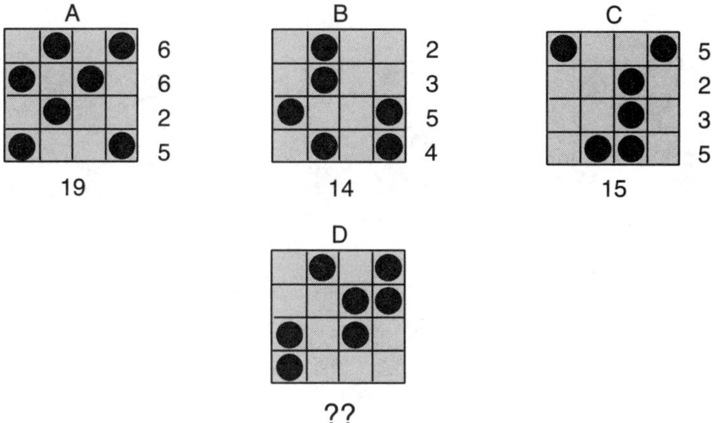

Test 3

Les ronds noirs remplacent des chiffres de 1 à 7 (situés toujours à la même place dans les grilles). Le total des points horizontaux se trouve à droite de chaque rangée, et la valeur totale de l'ensemble des points de chaque grille se situe en bas. Les valeurs des points des grilles A, B et C sont données ; pouvez-vous trouver celle de la grille D ?

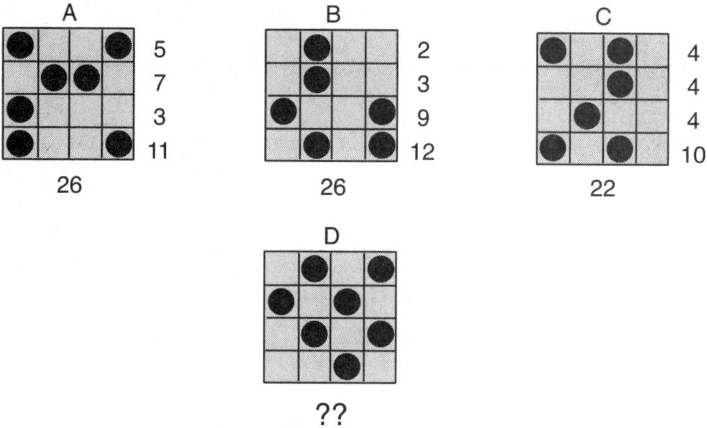

Test 4

Quelle est la valeur de la grille du bas ?

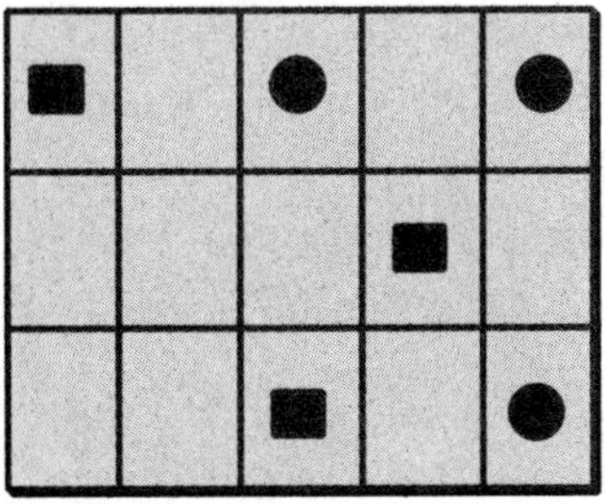

15

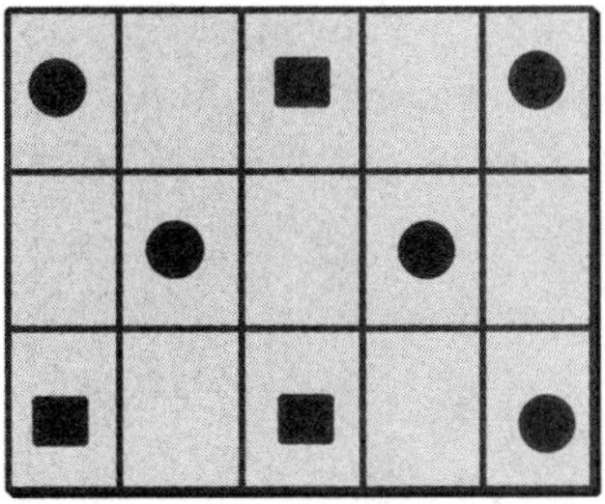

21

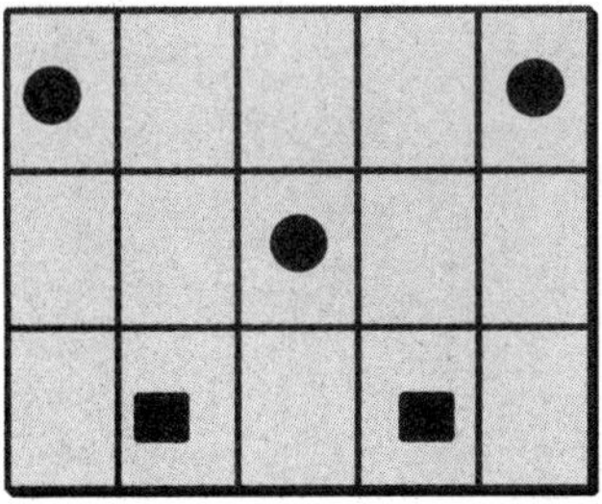

?

Test 5

Quelle est la valeur de la grille du bas ?

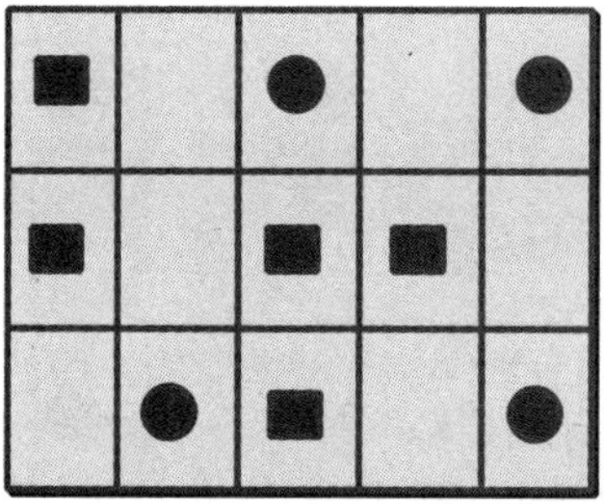

29

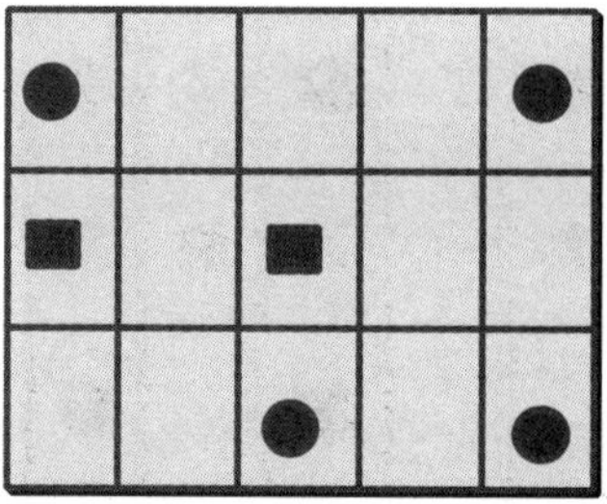

14

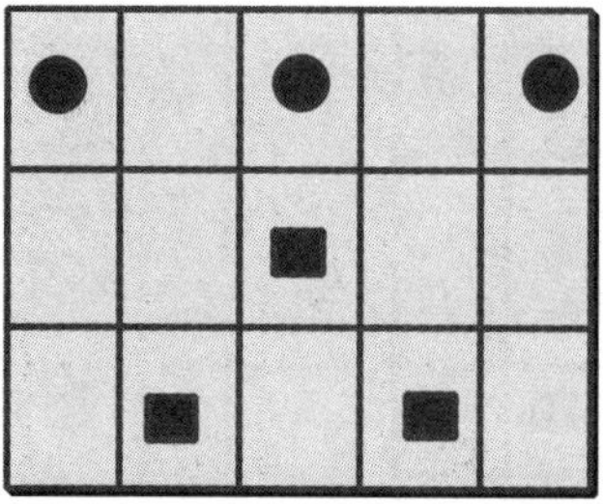

?

Test 6

Quelle est la valeur de la grille située en bas à droite ?

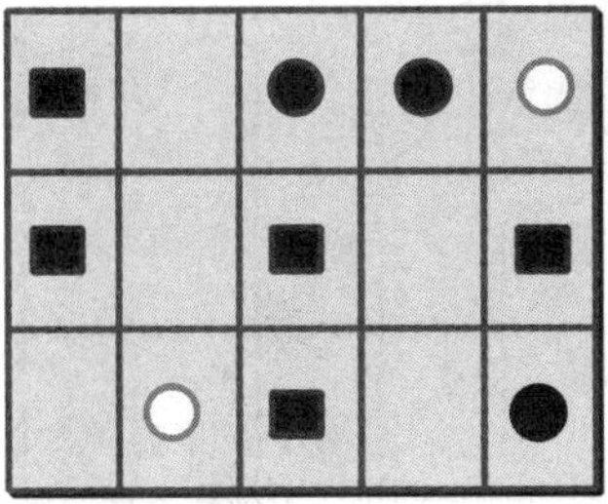

32

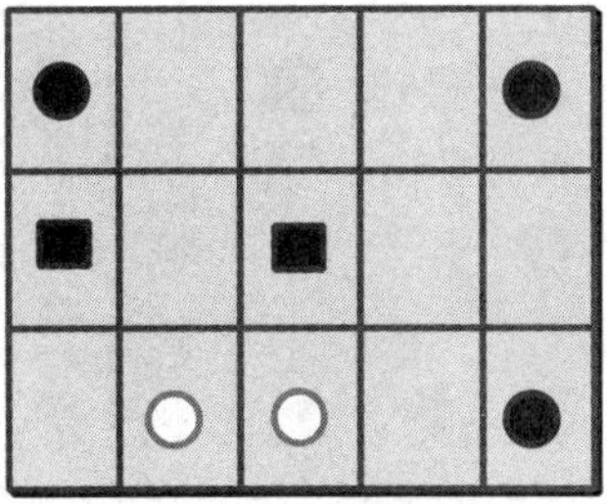

20

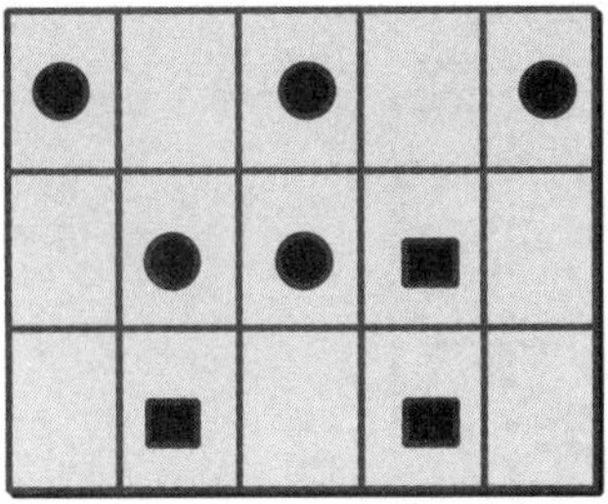

22

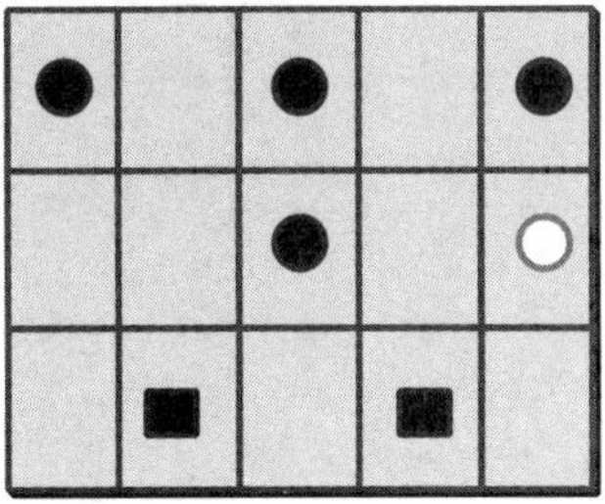

?

Test 7

Quelle est la valeur du « ? »

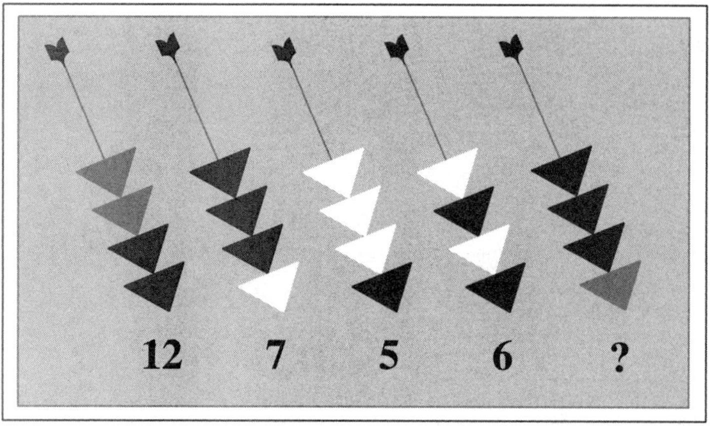

Test 8

Quelle est la valeur du « ? »

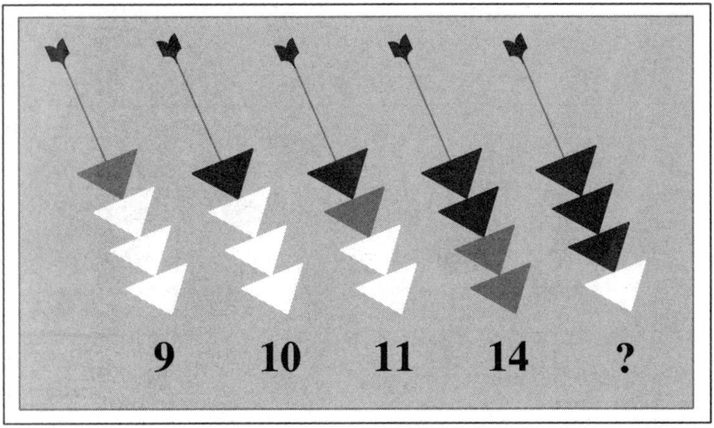

Test 9

Quelle est la valeur du « ? »

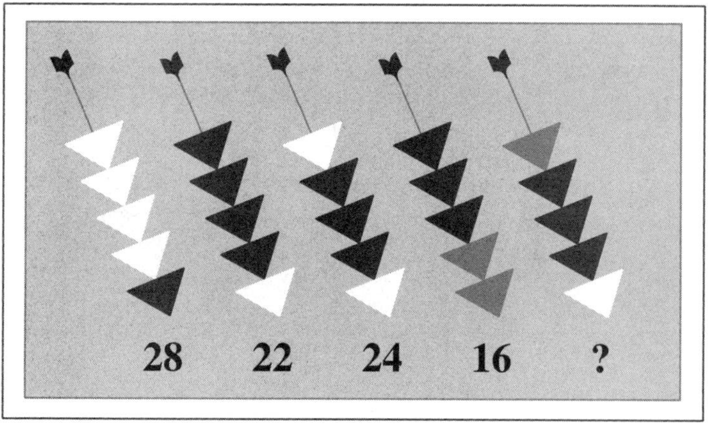

Test 10

Quelle est la valeur du « ? »

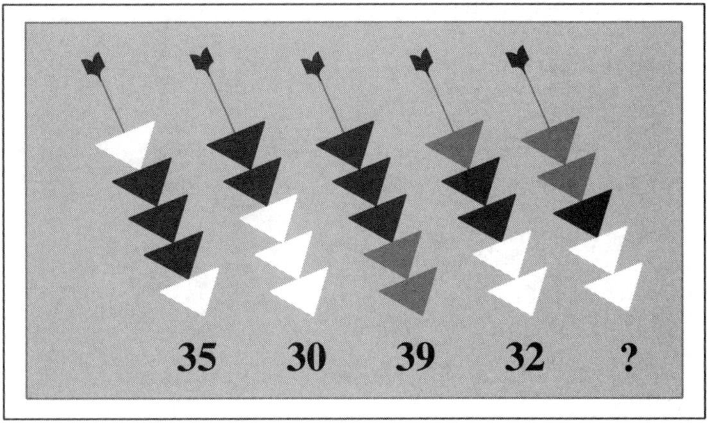

Solutions

Test 1

1	2	3	4	6
2	4	6	8	8
3	6	9	12	18
4	8	12	16	12
44				

Test 2

1	2	3	4	6
4	3	2	1	3
1	2	3	4	4
4	3	2	1	4
17				

Test 3

1	2	3	4	6
2	3	4	5	6
3	4	5	6	10
4	5	6	7	6
28				

Test 4

13

● 3

■ 2

Test 5

18

● 1

■ 5

Solutions

Test 6

19 ○ = 3
● = 2
■ = 4

Test 7

10 ▶ = 2
▷ = 1
► = 4

Test 8

14 ▶ = 4
▷ = 2
► = 3

Test 9

20 ▶ = 4
▷ = 6
► = 2

Test 10

29 ▶ = 9
▷ = 4
► = 6

Chapitre 2

Entraînement

4 – Cartes

Temps imparti
5 minutes

Ces tests de cartes se présentent le plus souvent sous forme d'exercices comprenant plusieurs cartes allant de l'as jusqu'au 10. Ici, nous avons intégré les cartes dites d'honneur, soit le roi, la dame et le valet. L'as est tournant, c'est-à-dire qu'il peut aussi précéder un roi pour commencer une séquence. Les couleurs des cartes sont toujours les mêmes : pique, cœur, carreau, trèfle. Les cartes sont toujours disposées selon une certaine logique, que le candidat doit découvrir pour pouvoir trouver la ou les cartes retournées.

Un conseil, pour ne pas perdre de temps, calculez la somme des cartes horizontalement et verticalement, repérez aussi leurs positions respectives… Cherchez s'il y a une différence arithmétique, logique, spatiale, etc.

Test 1

Quelle doit être la carte cachée ?

Test 2

Quelle doit être la carte cachée ?

Test 3

Quelles doivent être les cartes cachées ?

Test 4

Quelle doit être la carte cachée ?

Test 5

Quelle doit être la carte cachée ?

Test 6

Quelle doit être la carte cachée ?

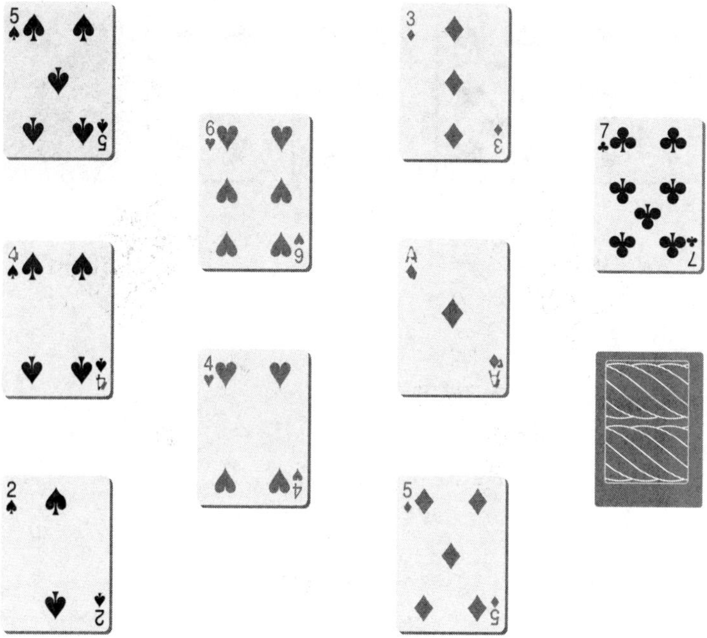

Test 7

Quelle doit être la carte cachée ?

Test 8

Quelle doit être la carte cachée ?

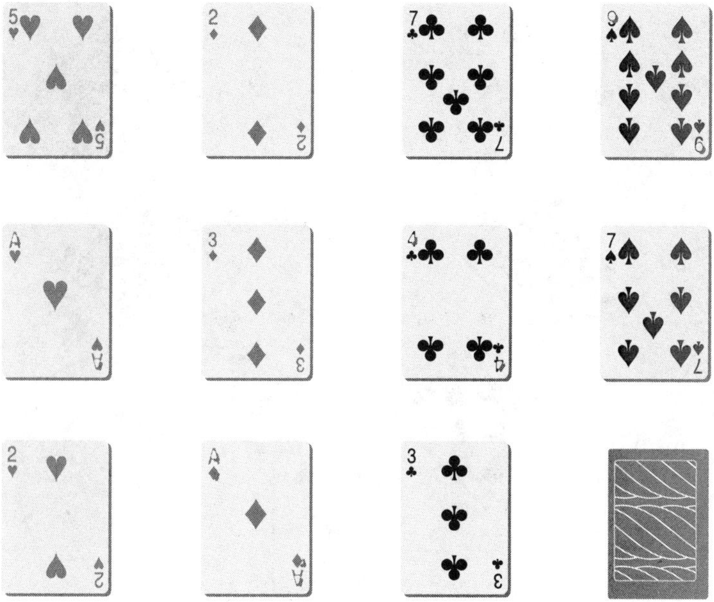

Test 9

Quelle doit être la carte cachée ?

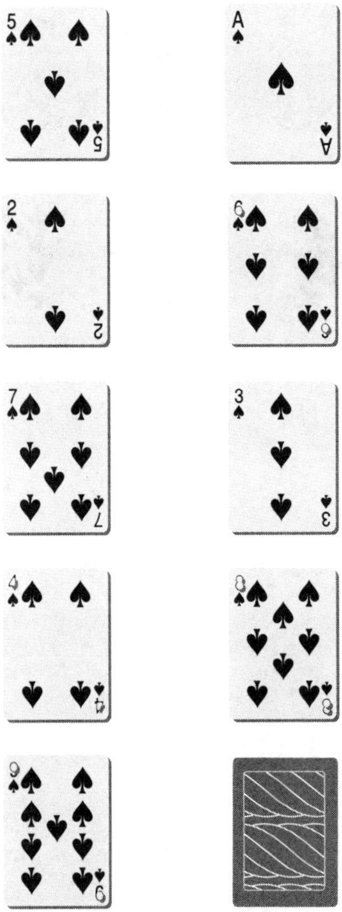

Test 10

Quelles doivent être les cartes cachées ?

Solutions

Test 1

La valeur des cartes de chaque rangée va décroissant de gauche à droite et on saute à chaque fois une carte. On a, dans chaque rangée, pique, cœur, carreau et trèfle.

Test 2

La valeur de la carte de droite est le produit de celles des deux cartes situées à sa gauche.
On a toujours dans chaque rangée un cœur, un trèfle et un pique.

Test 3

La lecture doit se faire dans le sens des aiguilles d'une montre. À l'extérieur, la valeur des cartes croît de 2 en 2. Au centre, on a une suite croissante en partant du roi.

Test 4

Les cartes forment toujours un total de 9 sur une ligne horizontale.
La couleur est la même : carreau partout.

Test 5

La valeur des cartes va décroissant, de 2 en 2.
Les couleurs alternent : carreau, puis trèfle.

Solutions

Test 6

La valeur totale des cartes de chaque colonne décroît de 1 à chaque fois. Il faut donc un as pour obtenir un total de 8 à la dernière colonne. On a la même couleur dans chaque colonne : c'est donc l'as de trèfle.

Test 7

La lecture se fait de gauche à droite, en décroissant de 3 en 3 cartes à chaque fois. Les couleurs alternent un pique avec un trèfle. Après l'as on reprend au roi.

Test 8

Les cartes se lisent horizontalement; la somme de la valeur des deux cartes de gauche donne la valeur de la carte de droite. Chaque colonne est d'une même couleur.

Test 9

La valeur des cartes additionnées horizontalement progresse de 2 en 2.
Une seule couleur : le pique.

Test 10

Les cartes forment deux suites en zigzag. L'une, de valeur décroissante, part du roi; l'autre, de valeur croissante, de l'as.
La première alterne cœur et trèfle; la seconde pique et carreau.

Chapitre 2

Entraînement

5 – Dominos

Temps imparti
5 minutes

Suivant le même principe que les tests des cartes, il s'agit de trouver la valeur du domino caché qui complète une série. Il faut donc repérer si les relations entre les dominos relèvent d'une logique arithmétique ou spatiale. La disposition des dominos les uns par rapport aux autres présente une information essentielle dans ce type de tests.

Les combinaisons sont multiples : c'est pourquoi on continue à les utiliser dans les tests d'embauche. On rencontrera trois catégories de problèmes, les séries, les opérations, les répartitions.

Test 1

Quel doit être le domino caché ?

Test 2

Quel doit être le domino caché ?

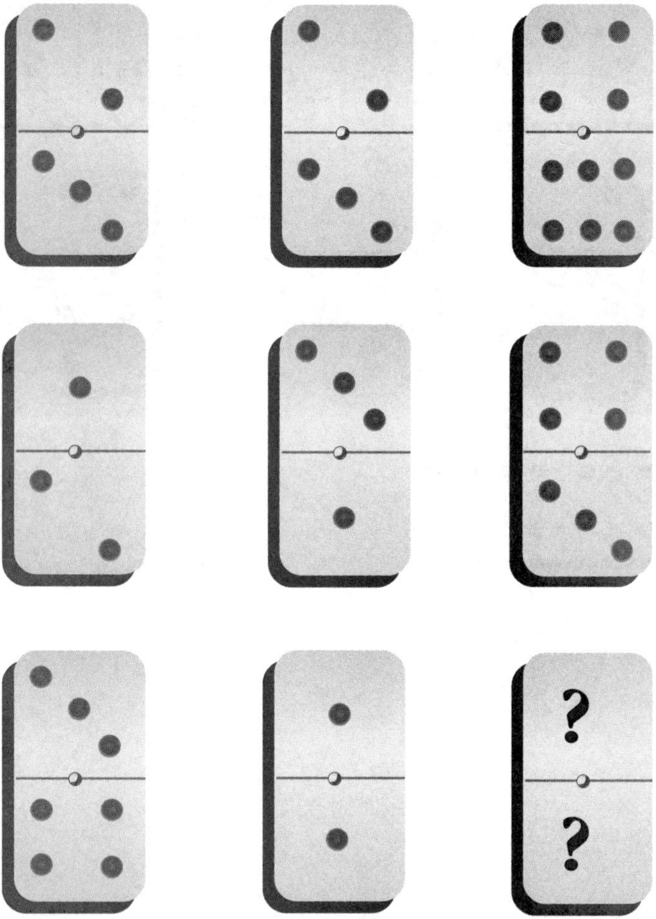

Test 3

Quel doit être le domino caché ?

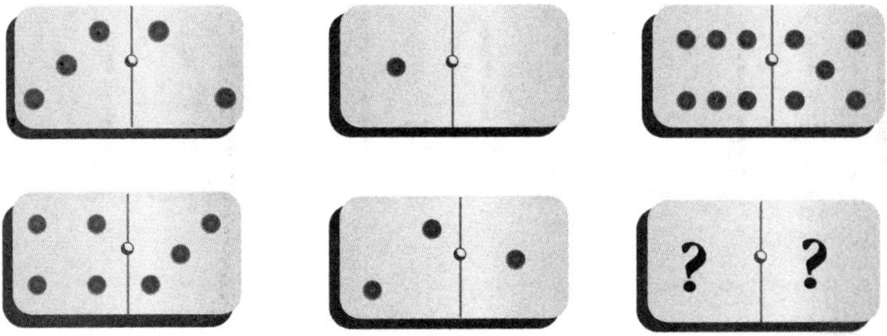

Test 4

Quel doit être le domino caché ?

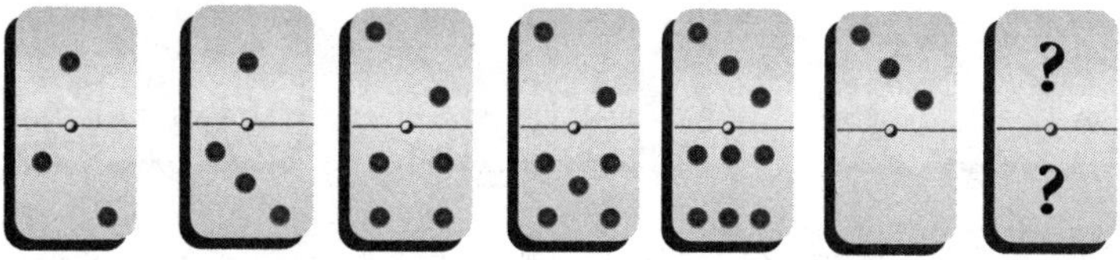

Test 5

Quel doit être le domino caché ?

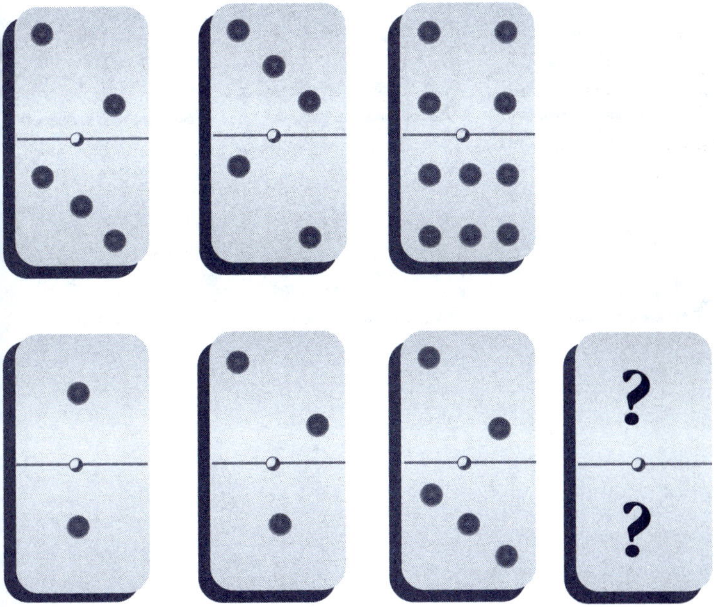

Test 6

Quel doit être le domino caché ?

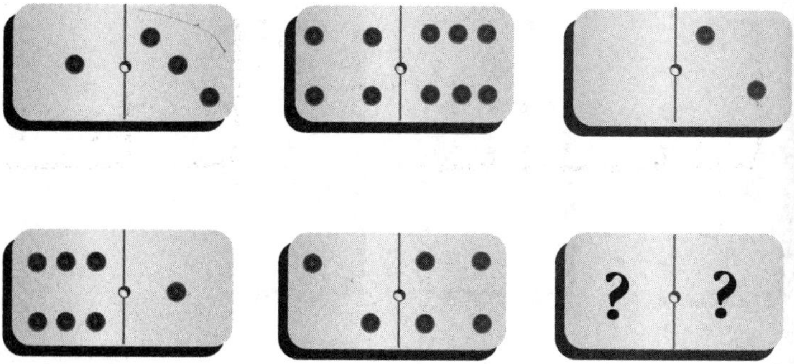

Test 7

Quel doit être le domino caché ?

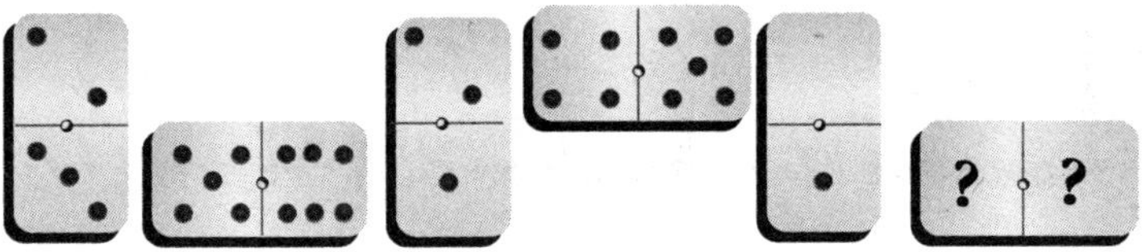

Test 8

Quel doit être le domino caché ?

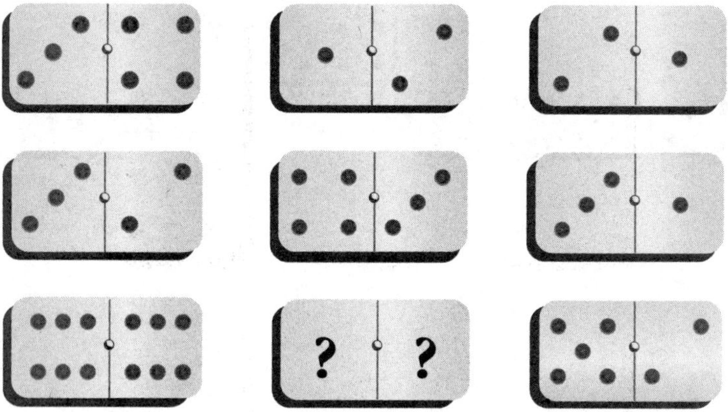

Test 9

Quel doit être le domino caché ?

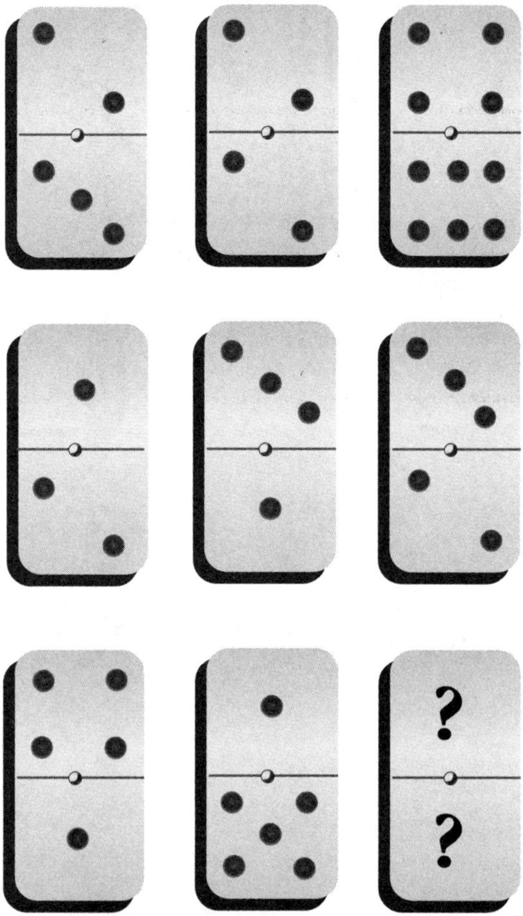

Test 10

Quel doit être le domino caché ?

Solutions

Test 1

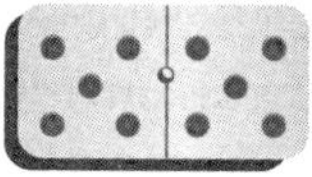

Nous avons tous les doubles dominos, sauf les 5.

Test 2

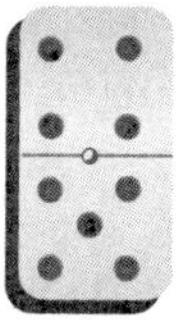

En additionnant horizontalement les demi-dominos de gauche et ceux du centre, on obtient la valeur des demi-dominos de droite.

Test 3

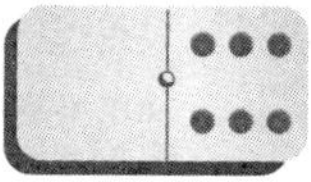

Série décroissante de dominos.

Test 4

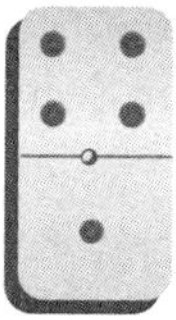

Deux séries numériques croissantes, dont les termes du haut sont doublés à chaque fois.

Test 5

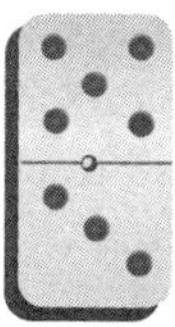

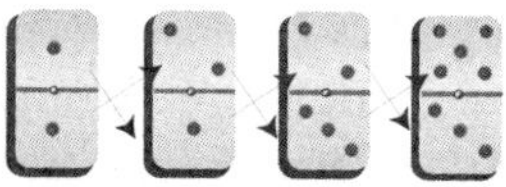

La lecture se fait en zigzag. En additionnant deux demi-dominos opposés, on obtient le demi-domino suivant.

Solutions

Test 6

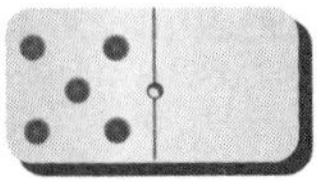

Dans chaque rangée, les dominos sont placés par ordre croissant (de 6, on repasse à 0). On saute une unité entre deux moitiés de domino.

Test 7

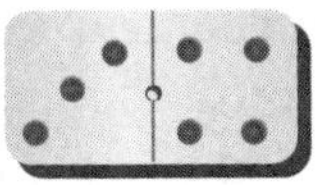

Le nombre de points va croissant, mais en sautant un terme entre deux dominos.

Test 8

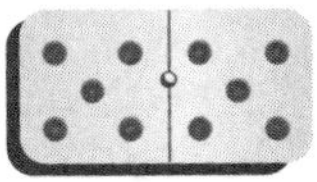

En additionnant verticalement les demi-dominos des 1re et 2e colonnes, on obtient ceux de la 3e rangée.

Test 9

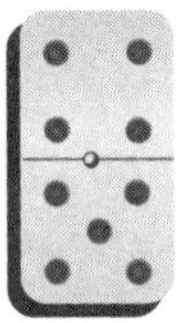

Les dominos se lisent horizontalement et moitié par moitié. Le produit des deux premiers demi-dominos donne la valeur des demi-dominos de droite.

Test 10

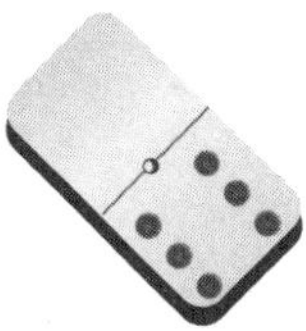

La lecture se fait dans le sens des aiguilles d'une montre. La série extérieure de demi-dominos croît de 2 en 2 ; la série intérieure est une simple série numérique croissante.

Chapitre 2

Entraînement

6 – L'attention

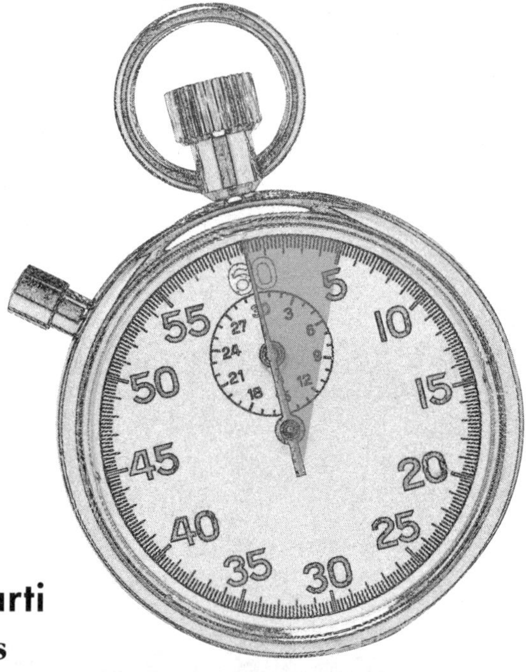

Temps imparti
5 minutes

Ce type de tests fait appel à votre sens de l'observation, à votre capacité à vous concentrer et à situer des éléments dans l'espace. En général, il s'agit d'identifier deux figures identiques, mais orientées différemment ; ou de trouver, parmi plusieurs figures, celle qui, pour des raisons variables, ne correspond pas ou n'appartient pas à la figure présentée au départ.

Test 1

Quelles grilles ne sont pas le miroir vertical l'une de l'autre ?

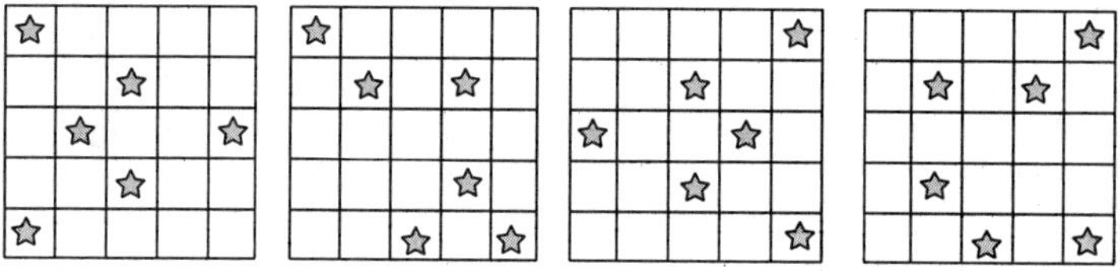

a b c d

Test 2

Quelles grilles ne sont pas le miroir vertical l'une de l'autre ?

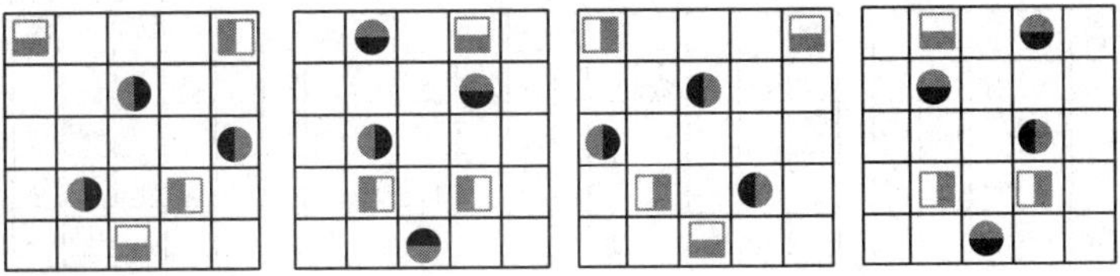

a b c d

Test 3

Quelles grilles ne sont pas le miroir vertical l'une de l'autre ?

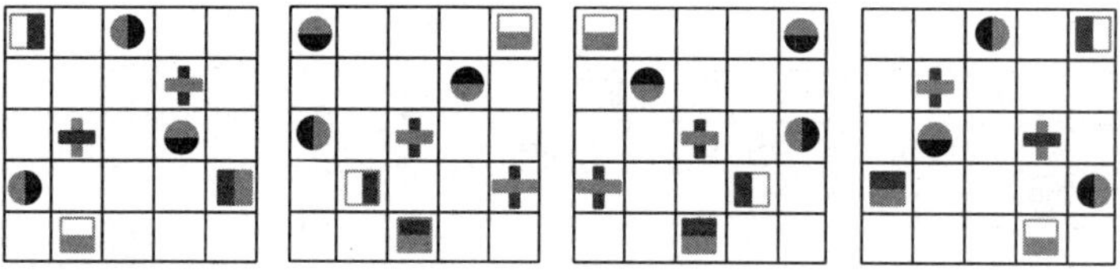

a b c d

Test 4

Quelles grilles ne sont pas identiques une fois tournées de 90° dans le sens inverse des aiguilles d'une montre ?

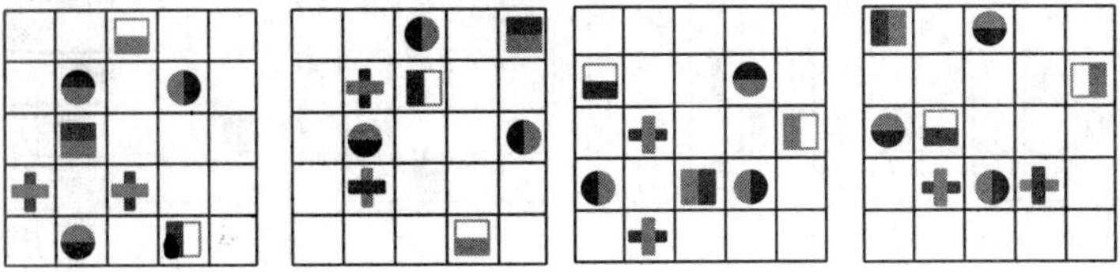

a b c d

Test 5

Quelles grilles ne sont pas identiques une fois tournées de 90° dans le sens des aiguilles d'une montre ?

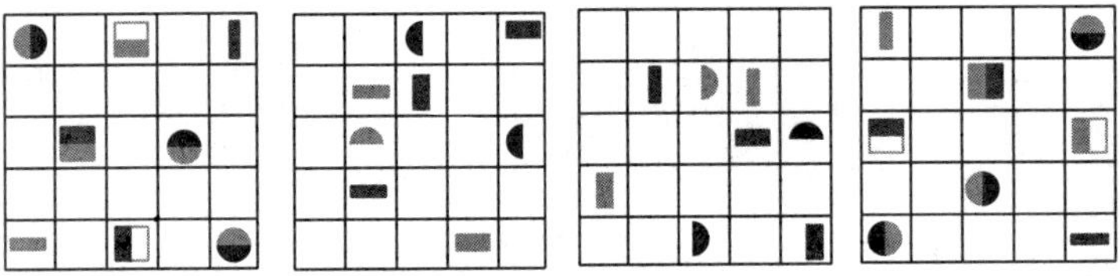

a b c d

Test 6

Quel est, parmi les cubes a, b, c, d, e, celui qui ne correspond pas au cube déplié ?

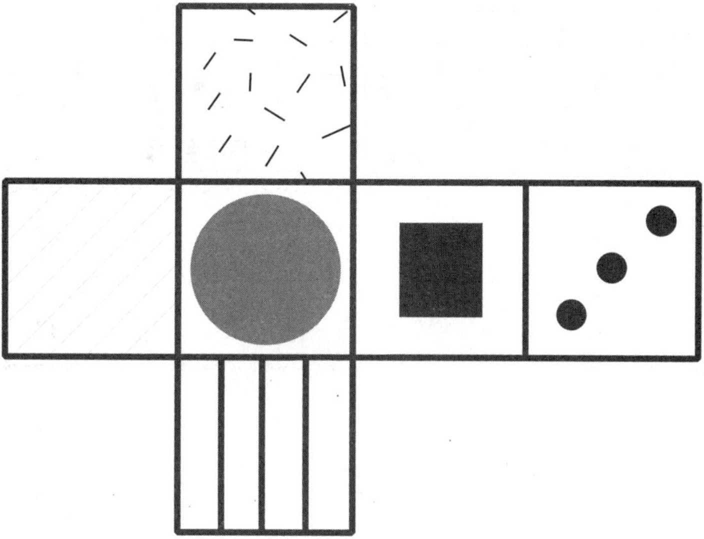

a b c d e

Test 7

Quel est, parmi les cubes a, b, c, d celui qui ne correspond pas au cube déplié ?

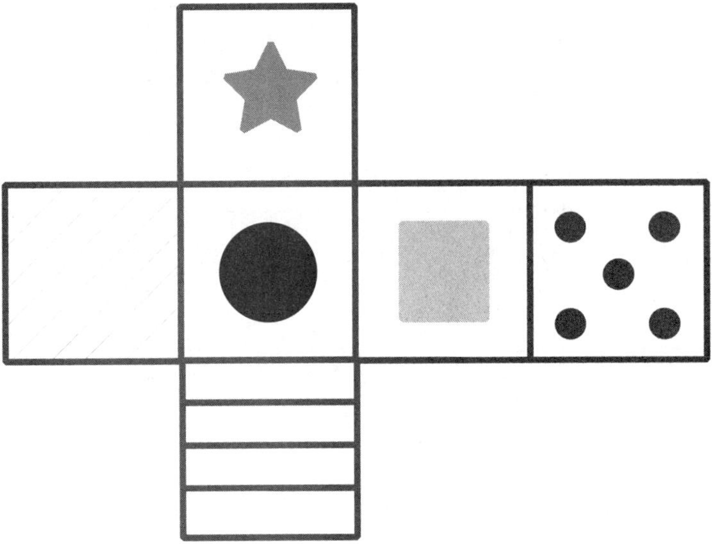

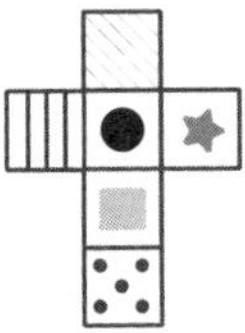

a

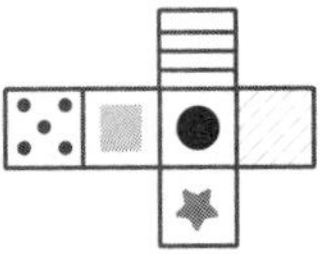

b

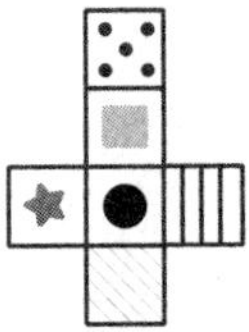

c

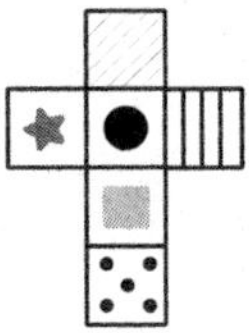

d

Test 8

Laquelle parmi les figures a, b, c, d, e n'est pas un élément réduit de la figure ci-dessous ?

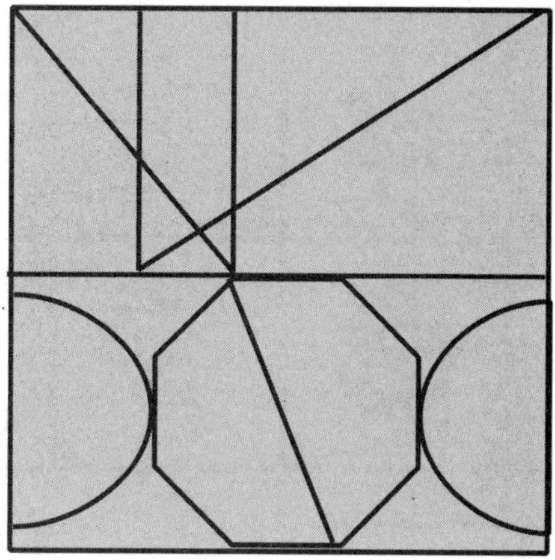

a

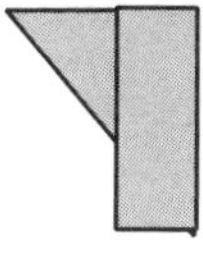

b

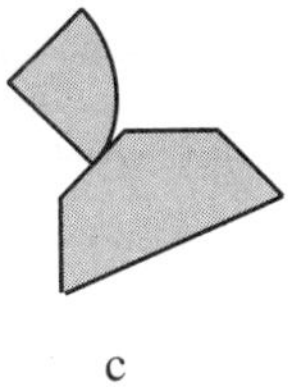

c

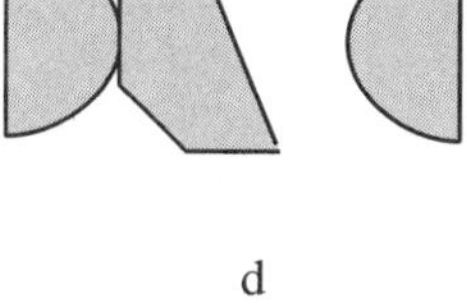

d

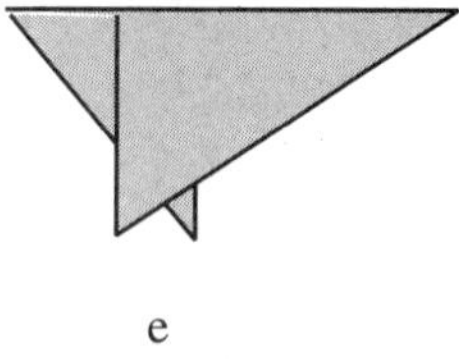

e

Test 9

Laquelle parmi les figures a, b, c, d, e n'est pas un élément réduit de la figure ci-dessous ?

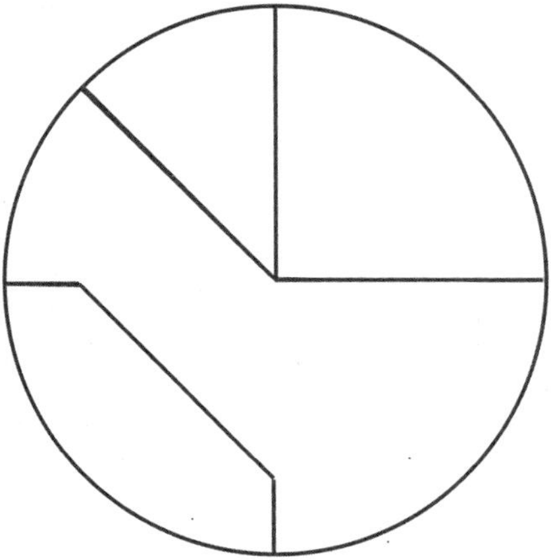

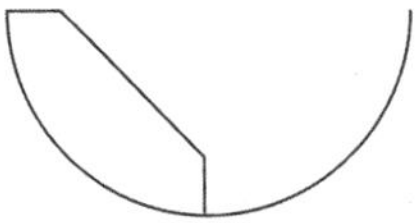

a

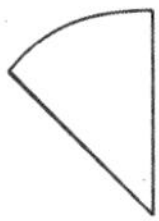

b

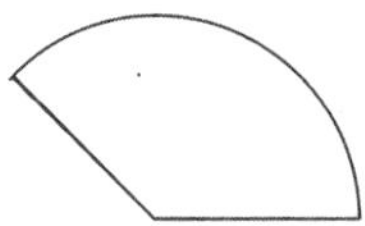

c

d

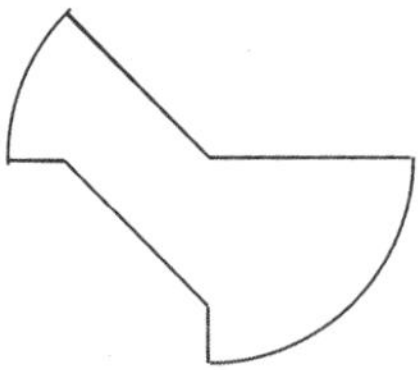

e

Test 10

Laquelle parmi les figures a, b, c, d, e n'est pas un élément réduit de la figure ci-dessous ?

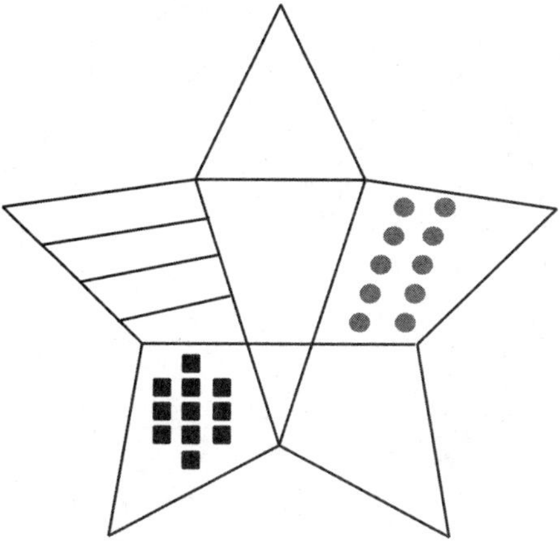

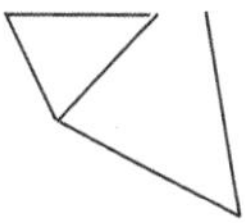

a

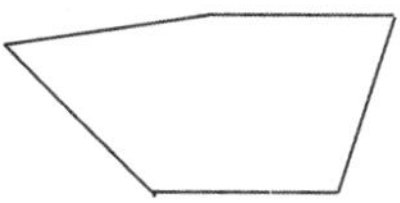

b

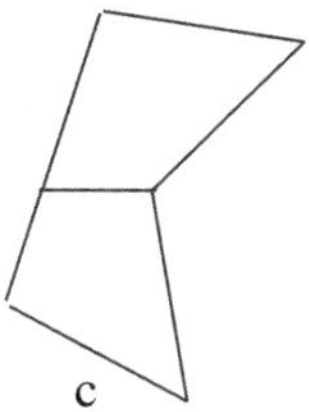

c

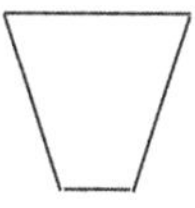

d

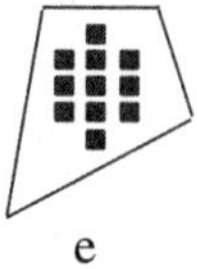

e

Solutions

Test 1

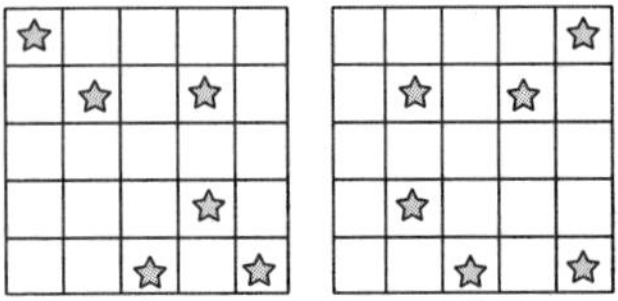

b d

paire b, d

Test 2

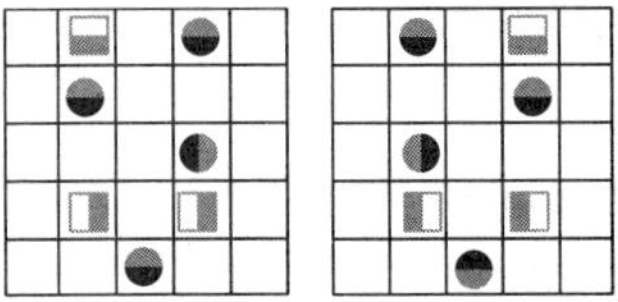

d b

paire d, b

Test 3

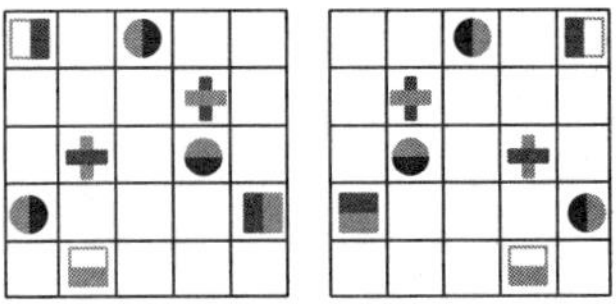

a d

paire a, d

Test 4

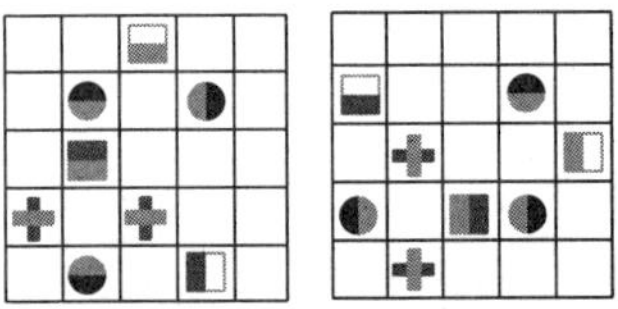

a c

paire a, c

Test 5

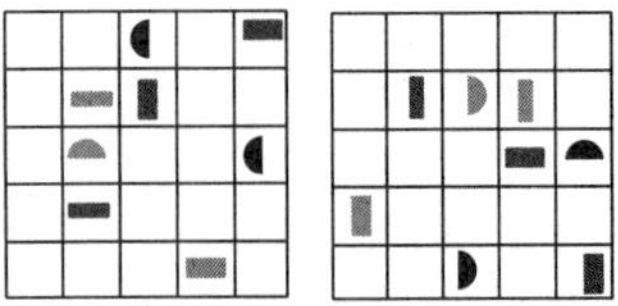

b c

paire b, c

Solutions

Test 6

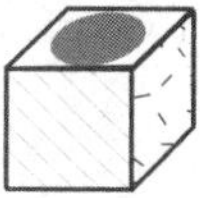

a

Test 7

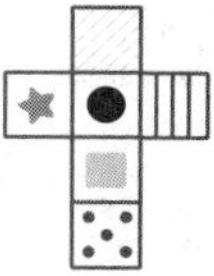

d

Test 8

c

Test 9

d

Test 10

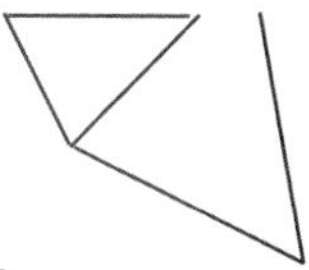

a

Chapitre 2

Entraînement

7 – Carrés logiques

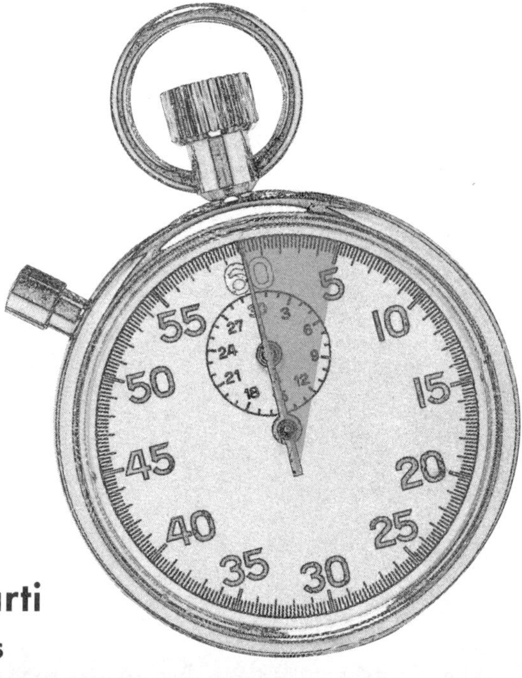

Temps imparti
5 minutes

Selon le principe du Mastermind, il s'agit de trouver quelle est la série de chiffres, symboles, ou de lettres à placer dans les cases vierges sous une grille. Pour vous aider, des chiffres, situés de part et d'autre de la grille, vous indiquent combien de chiffres/lettres ou symboles de la grille figurent dans la série à trouver, et combien sont en bonne place.

Ces tests font appel à votre esprit de déduction, de logique et d'observation. Des qualités très recherchées par les recruteurs.

Test 1

Quel nombre faut-il placer dans les cases vierges ? Les chiffres situés à l'extérieur de la grille, à gauche, correspondent au nombre de chiffres qui, dans la rangée, figurent dans le nombre à trouver ; ceux situés à droite représentent le nombre de chiffres qui, parmi ceux-ci, se trouvent à leur bonne place dans le nombre à trouver.

3	6	2	9	0	5	1
3	5	0	6	9	8	0
4	5	8	3	2	7	3
3	6	0	5	9	7	3
2	0	1	8	9	2	0

Test 2

Quel nombre faut-il placer dans les cases vierges ? Les chiffres situés à l'extérieur de la grille, à gauche, correspondent au nombre de chiffres qui, dans la rangée, figurent dans le nombre à trouver. Ceux situés à droite représentent le nombre de chiffres qui, parmi ceux-ci, se trouvent à leur bonne place dans le nombre à trouver.

2	5	7	0	1	9	0
3	4	8	1	7	0	0
4	8	5	4	0	6	3
3	8	9	1	5	4	1
3	5	0	1	9	6	3

Test 3

Quel nombre faut-il placer dans les cases vierges? Les chiffres situés à l'extérieur de la grille, à gauche, correspondent au nombre de chiffres qui, dans la rangée, figurent dans le nombre à trouver. Ceux situés à droite représentent le nombre de chiffres qui, parmi ceux-ci, se trouvent à leur bonne place dans le nombre à trouver.

2	6	2	9	7	3	2
3	5	2	1	6	8	0
4	3	8	5	0	2	3
3	6	2	5	0	1	3
2	4	6	9	7	0	0

Test 4

Quelles lettres faut-il placer dans les cases vierges ? Les chiffres situés à l'extérieur de la grille, à gauche, correspondent au nombre de lettres qui, dans la rangée, figurent dans les lettres à trouver. Ceux de droite représentent le nombre de lettres qui, parmi celles-ci, se trouvent à leur bonne place dans les lettres.

2	P	E	R	O	M	0
3	E	A	O	R	U	0
2	U	E	S	Z	M	2
4	Z	M	A	O	P	0
2	R	C	P	B	A	2

Test 5

Quel nombre faut-il placer dans les cases vierges ? Les chiffres situés à l'extérieur de la grille, à gauche, correspondent au nombre de chiffres qui, dans la rangée, figurent dans le nombre à trouver. Ceux situés à droite représentent le nombre de chiffres qui, parmi ceux-ci, se trouvent à leur bonne place dans le nombre à trouver.

2	5	4	1	8	3	2
2	5	2	1	6	3	0
4	9	4	2	8	0	3
3	0	3	2	1	6	3
2	1	2	5	6	7	0

Test 6

Quelles lettres faut-il placer dans les cases vierges ? Les chiffres situés à l'extérieur de la grille, à gauche, correspondent au nombre de lettres qui, dans la rangée, figurent dans les lettres à trouver. Ceux de droite représentent le nombre de lettres qui, parmi celles-ci, se trouvent à leur bonne place dans les lettres.

3	W	E	X	C	F	3
3	E	F	O	W	A	0
2	F	E	A	C	K	2
4	E	B	K	O	C	0
2	X	C	A	B	K	0

Test 7

Quelles lettres faut-il placer dans les cases vierges ? Les chiffres situés à l'extérieur de la grille, à gauche, correspondent au nombre de lettres qui, dans la rangée, figurent dans les lettres à trouver. Ceux situés à droite représentent le nombre de lettres qui, parmi celles-ci, se trouvent à leur bonne place dans les lettres.

3	P	M	O	R	U	0
3	E	A	O	R	U	0
2	U	O	N	Z	P	2
4	M	E	N	O	R	3
2	P	O	U	A	S	2

Test 8

Quelles lettres faut-il placer dans les cases vierges ? Les chiffres situés à l'extérieur de la grille, à gauche, correspondent au nombre de lettres qui, dans la rangée, figurent dans les lettres à trouver. Ceux situés à droite représentent le nombre de lettres qui, parmi celles-ci, se trouvent à leur bonne place dans les lettres.

3	C	E	A	O	T	3
3	H	E	N	B	A	0
2	C	K	M	N	E	2
4	N	C	T	O	H	0
1	X	M	A	B	K	1

Test 9

Quel nombre faut-il placer dans les cases vierges ? Les chiffres situés à l'extérieur de la grille, à gauche, correspondent au nombre de chiffres qui, dans la rangée, figurent dans le nombre à trouver. Ceux situés à droite représentent le nombre de chiffres qui, parmi ceux-ci, se trouvent à leur bonne place dans le nombre à trouver.

2	4	7	9	3	6	2
3	5	9	3	6	8	0
4	9	8	5	3	1	3
3	6	7	5	0	1	3
2	5	6	9	7	0	0

Test 10

Quel nombre faut-il placer dans les cases vierges ? Les chiffres situés à l'extérieur de la grille, à gauche, correspondent au nombre de chiffres, qui dans la rangée, figurent dans le nombre à trouver. Ceux de droite représentent le nombre de chiffres qui, parmi ceux-ci, se trouvent à leur bonne place dans le nombre.

2	4	6	3	7	9	0
3	1	9	3	4	5	0
4	9	0	4	2	3	3
3	2	6	7	5	3	3
2	1	6	4	7	3	2

Solutions

Test 1 6 8 5 2 7

Test 2 8 0 4 9 6

Test 3 6 8 5 0 3

Test 4 U O P Z A

Test 5 0 4 2 8 6

Solutions

Test 6 W E B C O

Test 7 M O N A R

Test 8 C H A N T

Test 9 8 7 5 3 1

Test 10 2 0 4 5 3

Chapitre 2

Entraînement

8 – Cryptogrammes

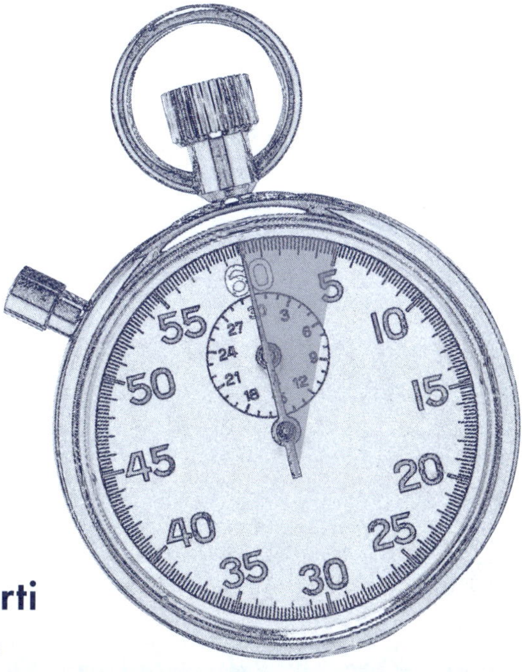

Temps imparti
5 minutes

Dans cette série de tests, il s'agit de décoder des symboles qui remplacent des suites de lettres ou de chiffres, des mots ou des phrases.

Dans le test n° 1, par exemple, le code du premier mot vous est donné. En utilisant vos capacités d'observation et de logique, vous arriverez à décrypter chaque symbole et chaque mot, et à trouver le mot inconnu.

Test 1

Si le premier mot transcrit est MAISON, quel est le dernier mot ?

Test 2

Quelles lettres doivent logiquement s'inscrire à la place des points d'interrogation ?

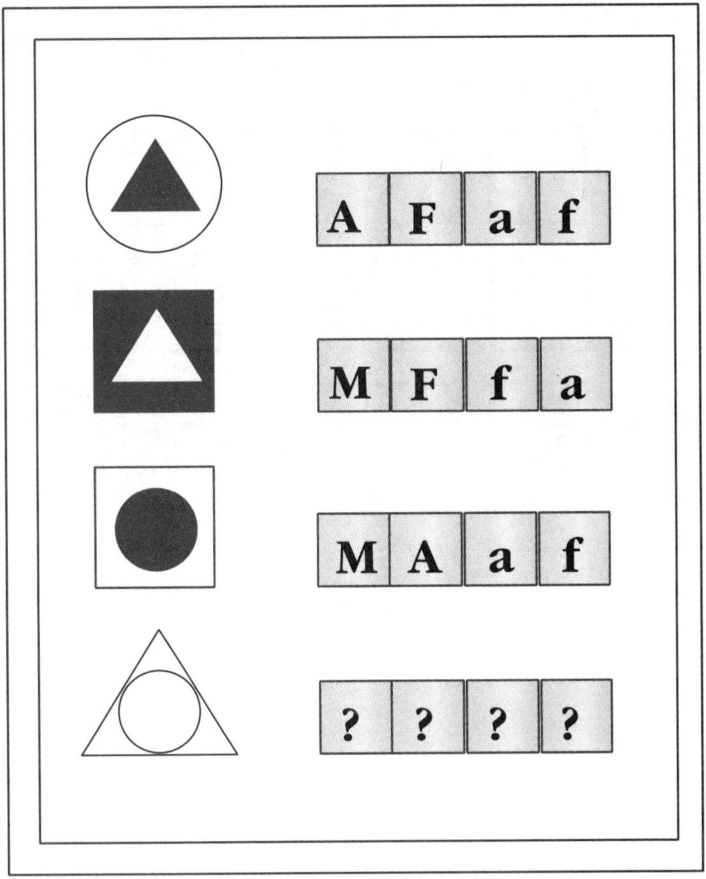

Test 3

Quels chiffres doivent logiquement s'inscrire à la place des points d'interrogation ?

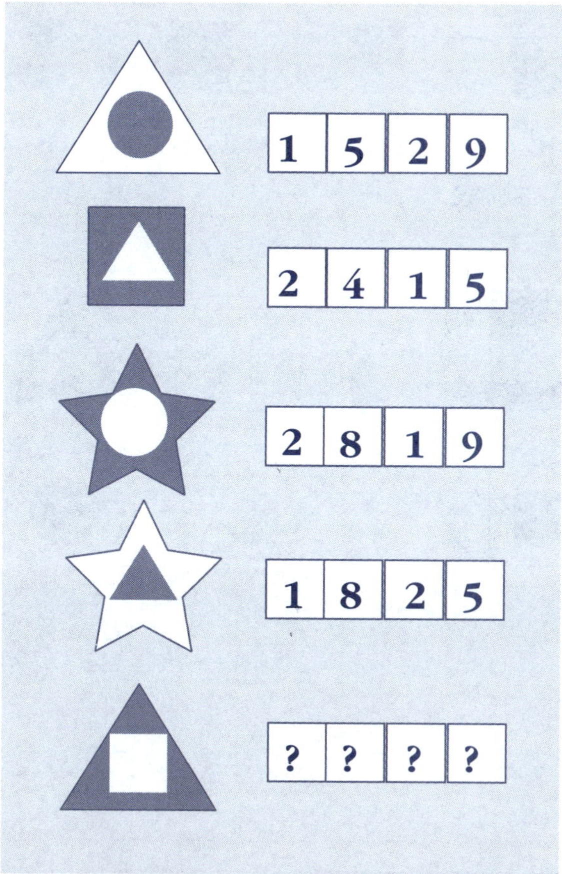

Test 4

Quelle figure (A, B, C ou D) s'inscrira dans la case vide ?

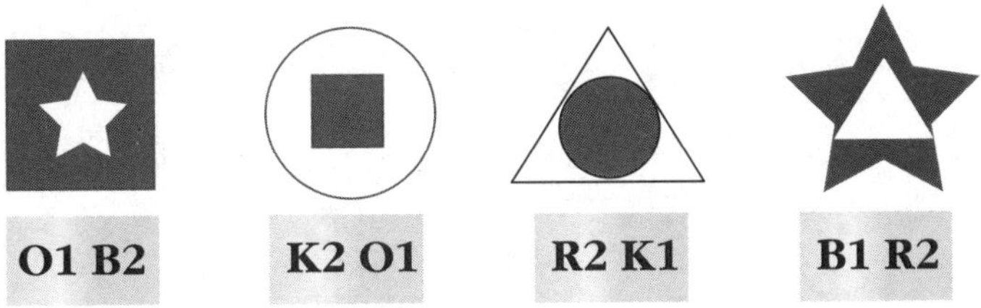

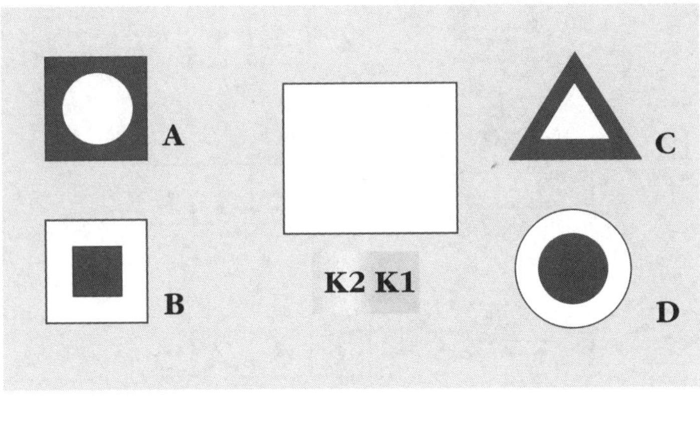

Test 5

Quel proverbe se cache dans cette suite codée de lettres ?

L	U	E	N	T	A	R	N	E	I	H	M	U	A
M	L	A	S	I	O	N	C	E	I	S	A	T	L

Test 6

Quel proverbe se cache dans cette suite codée de lettres ?

P	T	L	U	E	E	S	P	E	E	L	N	R	C	E	E
S	S	S	T	A	G	M	I	A	O	R	D	S	E	A	L

Test 7

Quel proverbe se cache dans cette suite codée de lettres ?

T	R	I	A	A	P	F	E	A	V
L	U	I	O	U	R	Q	T	E	N
C	U	T	C	I	A	A	H	F	C

Test 8

Quelle figure (A, B, C ou D) s'inscrira dans la case vide ?

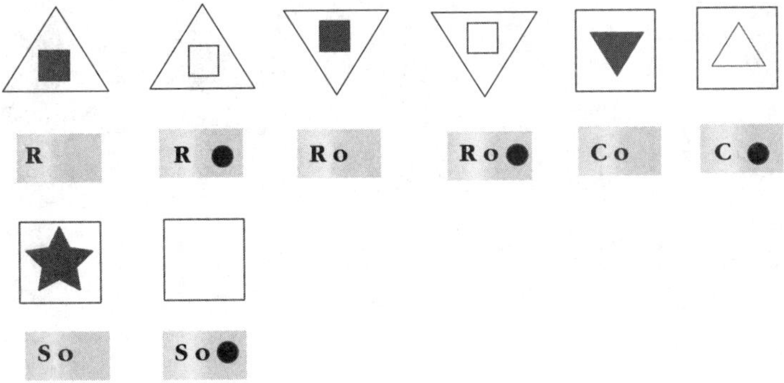

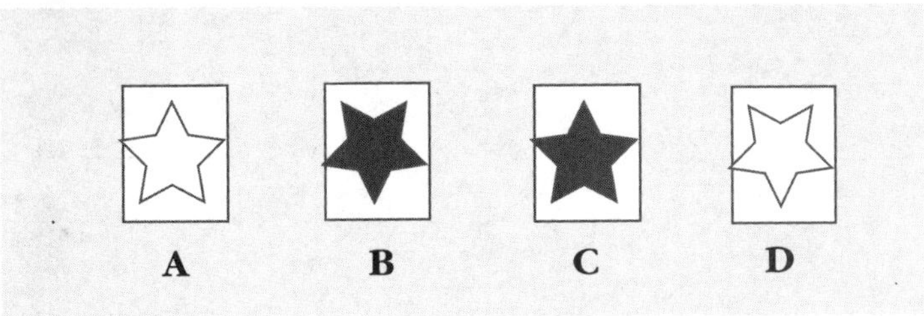

Test 9

Quel groupe de lettres (A, B, C ou D) doit logiquement s'inscrire à la place des points d'interrogation ?

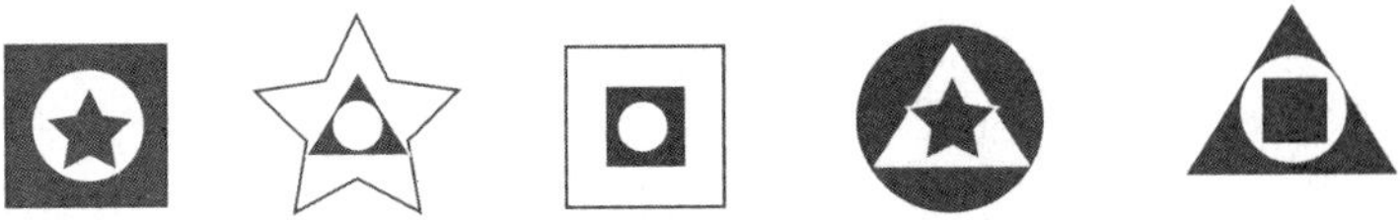

M b E	e K b	m M b	B k E	? ? ?

E b M	K e M	K b M	K b m
A	B	C	D

Test 10

Que faut-il logiquement inscrire à la place des points d'interrogation ?

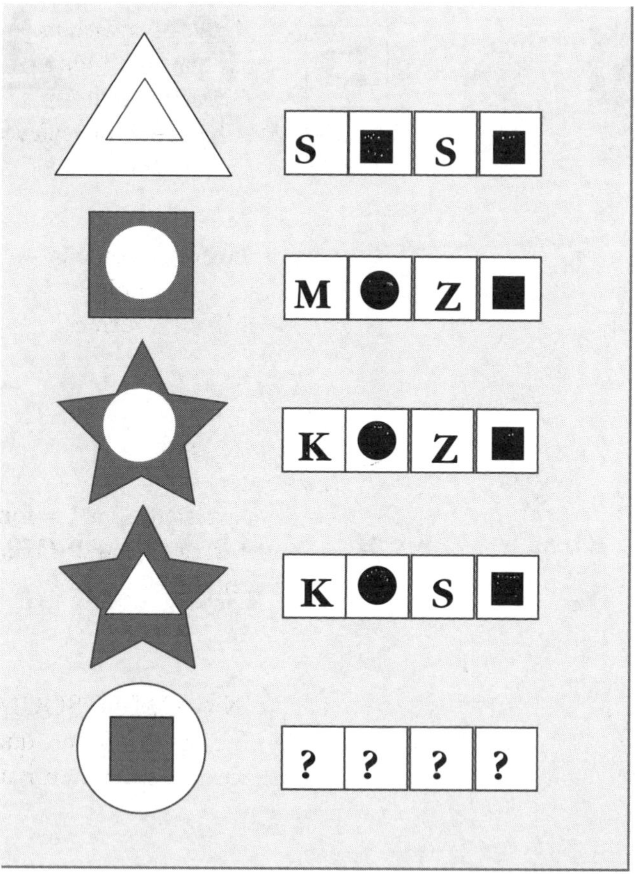

Solutions

Test 1

On a successivement : maison, marron, mairie, SENIOR.

Test 2

F	A	a	a

formes = lettres majuscules
forme extérieure = 1re lettre
forme intérieure = 2e lettre
couleurs = lettres minuscules
a = blanc f = noir

Test 3

2	5	1	4

1er et 3e chiffres = couleurs
1 = blanc 2 = noire
2e et 4e chiffres = formes

Test 4

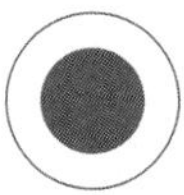

D

1re lettre = figure extérieure
2e lettre = figure intérieure
1er chiffre : couleur extérieure ou 1 = foncé
2e chiffre : couleur intérieure ou 2 = blanc
1 = foncé 2 = blanc

Test 5

L'ÊTRE HUMAIN EST UN ANIMAL SOCIAL.
Les lettres se lisent de 2 en 2 cases à la suite; quand on arrive en bas de la 2e rangée on reprend en haut à la 2e lettre.

Solutions

Test 6

LE DOIGT SEC NE PEUT PAS RAMASSER LE SEL.

La lecture se fait de 2 cases en 2 cases, toujours de droite à gauche, en partant de la 2e ligne. Lorsqu'on a terminé la ligne du haut, on repart de la lettre située immédiatement après et on continue comme pour le début de la phrase.

Test 7

CHACUN TROUVE PARFAIT CE QU'IL A FAIT.

La lecture se fait de 2 cases en 2 cases, toujours de droite à gauche, en partant de la 3e ligne. Lorsqu'on a terminé la ligne du haut à gauche, on repart de la 2e lettre en bas à droite.

Test 8

D

lettre = figure
lettre + point noir = figure au centre en clair
lettre + o = figure à l'envers

Test 9

K b M

C

1re lettre = figure extérieure
2e lettre = figure intérieure
3e lettre = figure du centre
lettre capitale = figure foncée
lettre minuscule = figure claire

Test 10

Z	■	M	●

1re lettre = figure extérieure
2e lettre = figure intérieure
carré = figure claire
rond = figure foncée

Chapitre 2

Entraînement

9 – Raisonnement

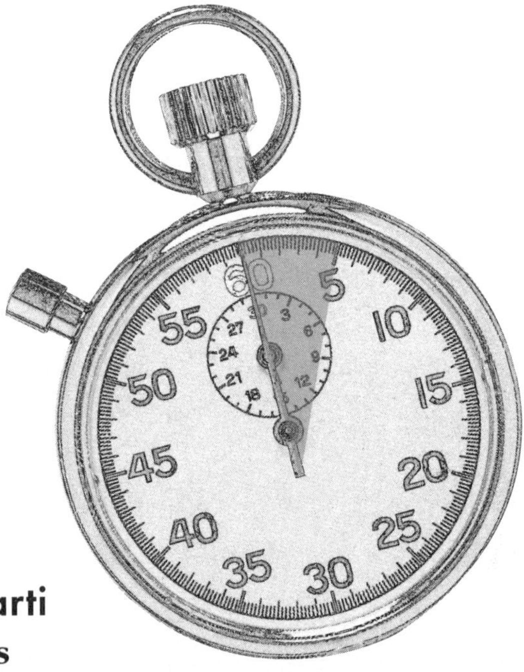

Temps imparti
5 minutes

Les tests de raisonnement font appel à la sagacité et à la capacité de déduction des candidats. Ils ressemblent à des devinettes, dont la résolution n'est généralement pas trop difficile ; aussi ne faut-il pas compliquer involontairement les choses. Il s'agit, avant tout, de bien suivre les instructions, et, à l'aide de comparaisons, de déceler la logique en œuvre.

On peut vous demander de reconstituer une phrase désordonnée dans son ordre chronologique, de trouver un mot ou un couple de mots à partir d'une série de lettres qui sont soit des anagrammes, des antonymes, des synonymes, soit des chiffres représentant une lettre, dont on donne l'emplacement dans l'alphabet, etc.

Test 1

Replacez les phrases dans l'ordre chronologique.

1 - La cuisinière prépare la pâte.
2 - Les enfants mangent les crêpes.
3 - On décore la maison.
4 - C'est l'anniversaire de Paul.
5 - Maman fait sauter les crêpes.

Test 2

Replacez les phrases dans l'ordre chronologique.

1 - Le couvreur pose les ardoises.
2 - L'architecte envoie sa facture et ses plans.
3 - Le menuisier ajuste sa charpente.
4 - On pose du carrelage dans la salle de bains.
5 - Le maçon monte les murs.

Test 3

Replacez les phrases dans l'ordre chronologique.

1 - Le libraire vend le journal.
2 - Le directeur artistique fait la mise en page.
3 - Le journaliste écrit son article.
4 - L'imprimeur met sous presse.
5 - Le rédacteur en chef réunit ses journalistes.

Test 4

Remplacez les points de suspension.

1 - onli, touat, lion…
2 - leruf, sore, fleur…
3 - senper, ierr, penser…
4 - ivrel, rojun, livre…
5 - dron, anloseg, rond…

Test 5

Par quels nombres faut-il remplacer les points d'interrogation ?

parjure - 16 - 5
sacrilège - 19 - 5
apostat - 1 - ?
juron - 10 - ?
blasphème - 2 - ?
impie - 9 - ?

Test 6

Quels mots de la colonne de droite devez-vous mettre en gras ?

a - jaloux	a - amorphe
b - arriviste	b - emphatique
c - **autoritaire**	c - amortissement
d - présomptueux	d - spirituel
e - **catégorique**	e - ampoulé

Test 7

Remplacez les points de suspension par le mot qui convient.

125168, poule, 65128,... ?
39786, givre, 38976,... ?
146284, retapé, 482641,... ?
81453, radis, 45813,... ?

Test 8

Quels mots de la colonne de droite devez-vous mettre en gras ?

a - **rassembler**	a - immobile
b - célébrer	b - morbide
c - recevoir	c - érudit
d - fêter	d - tendre
e - **disperser**	e - ignorant

Test 9

Remplacez les points d'interrogation par un chiffre.

partir, 2 - venir, 2
sortira, ?
apprendre, 3 - comprendre, 3
accélérer, ?
frémir, 4 - troubler, 5
sympathiser, ?

Test 10

Remplacez les points de suspension par le mot qui convient.

portrait - mensonge - trait - … ?
corpulent - maigres - lent … ?
examine - hautain - mine - …?
amicale - retire - cale - … ?

Solutions

Test 1

4. 3. 1. 5. 2.
C'est l'anniversaire de Paul. On décore la maison. La cuisinière prépare la pâte. Maman fait sauter les crêpes. Les enfants mangent les crêpes.

Test 2

2. 5. 3. 1. 4.
L'architecte envoie sa facture et ses plans. Le maçon monte les murs. Le menuisier ajuste sa charpente. Le couvreur pose les ardoises. On pose du carrelage dans la salle de bains.

Test 2

5. 3. 2. 4. 1.
Le rédacteur en chef réunit ses journalistes. Le journaliste écrit son article. Le directeur artistique fait la mise en page. L'imprimeur met sous presse. Le libraire vend le journal.

Test 4

atout - rose - rire - juron - losange (anagrammes des deuxièmes mots de chaque ligne)

Test 5

20 - 14 - 5 - 5 - (les nombres correspondent à la position dans l'alphabet des première et dernière lettres de chaque mot)

Solutions

Test 6 b - e (sens proche)

Test 7 loupe - grive - épater - diras (les chiffres remplacent une lettre, toujours la même pour chaque mot)

Test 8 c - e (sens contraire)

Test 9 3 - 4 - 7 (c'est-à-dire le nombre de voyelles pour les deux premiers mots, le nombre de consonnes pour le dernier)

Test 10 songe - grès - tain - tire (la fin d'un mot sur deux est reprise pour en former un autre)

Chapitre 2

Entraînement

10 – Compréhension verbale

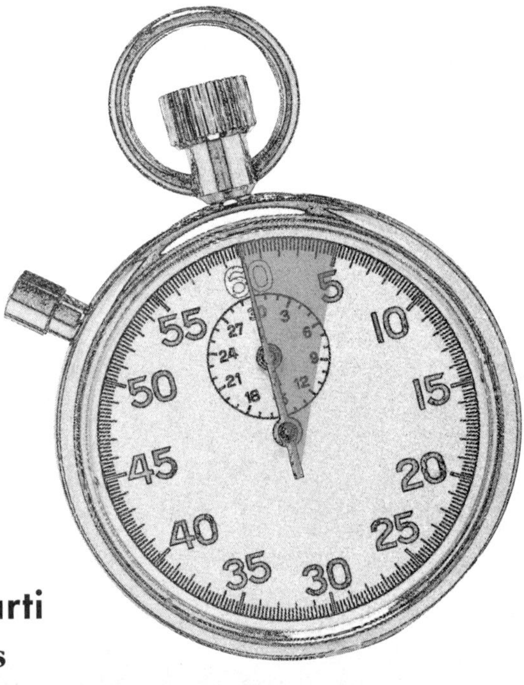

Temps imparti
5 minutes

Ces tests sont souvent utilisés pour compléter les tests de raisonnement. Il s'agit de mesurer l'étendue du vocabulaire dont dispose le candidat, sa capacité à comprendre un texte ou une phrase complexe.

Certains sont toutefois controversés ; ainsi celui qui consiste à présenter un proverbe suivi de quatre phrases, parmi lesquelles il faut trouver celle qui a la signification la plus proche. Il convient souvent de prendre la phrase au sens large et non au premier degré ; d'où l'ambiguïté de ce type de tests, car l'interprétation d'un texte peut dépendre de critères personnels, et donc différer de celle de l'auteur ou du recruteur.

Test 1

Les cadeaux de Deborah et de Cervanne ne se côtoient pas. Le cadeau d'Aïda est juste à droite de celui de Béatrice et ne côtoie pas celui de Cervanne.
Quel est le cadeau de chacune ?

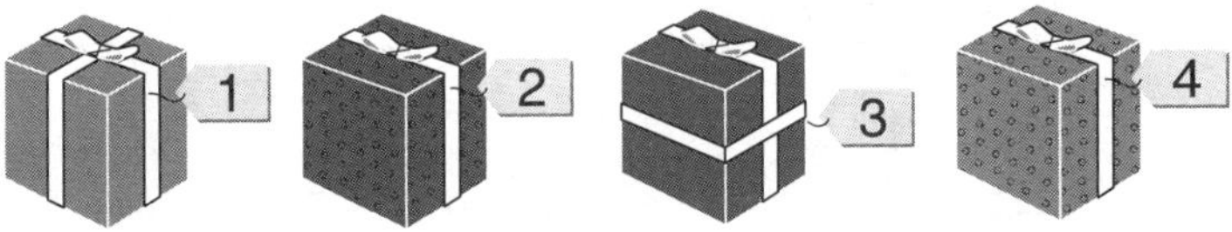

Aïda .....
Béatrice .....
Cervanne .....
Deborah .....

Test 2

Quelle est la propriétaire de chaque valise ?

Celle de Jeanne est juste à gauche de celle de Paule.
Celle de Léa n'est pas à côté de celle de Murielle.
Celles de Murielle et de Paule sont de la même couleur.

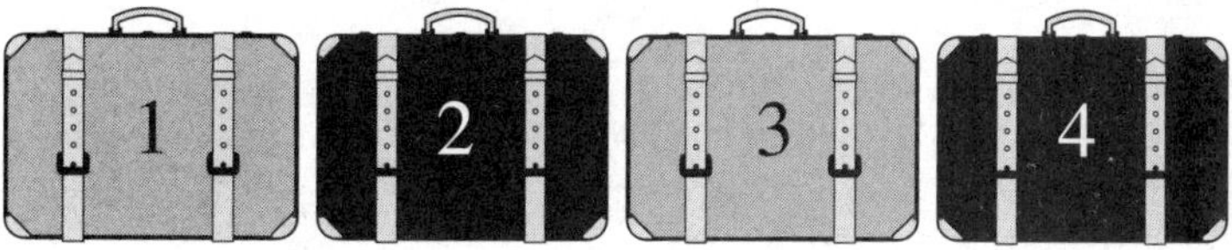

Test 3

Quelle est la voiture de chacun ?

La voiture de Jim est plus vers l'avant que celle de Frank, qui n'est cependant pas la dernière.
La voiture de Tony est juste derrière celle de Mike.
Celle de Dean n'est ni juste devant ni juste derrière celle de Frank.

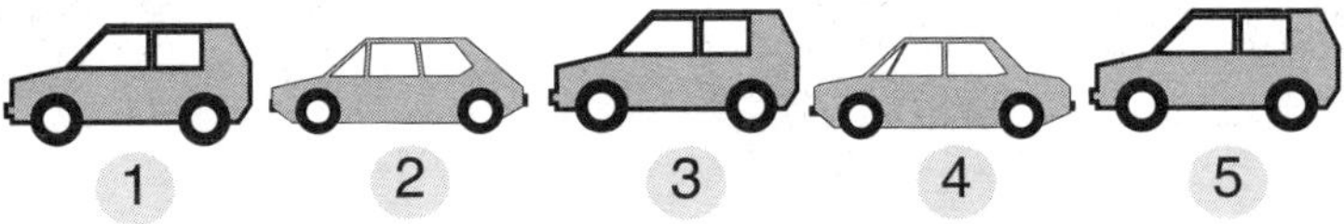

Dean .....
Frank .....
Jim .....
Mike .....
Tony .....

Test 4

Cédric est placé entre Alain et Bernard.
Entre Étienne et Damien il y a Alain.
Juste devant Étienne il y a Bernard.
Lequel est Cédric s'il est juste devant Alain et immédiatement derrière Étienne ?

Test 5

Déplacez le pion de case en case :
Vers la gauche 2 fois, puis vers le haut, puis vers la droite, puis vers le haut 2 fois, puis vers la gauche 2 fois, vers le bas 2 fois, puis vers la droite et enfin vers le bas 2 fois.
Dans quelle case se retrouve le pion ?

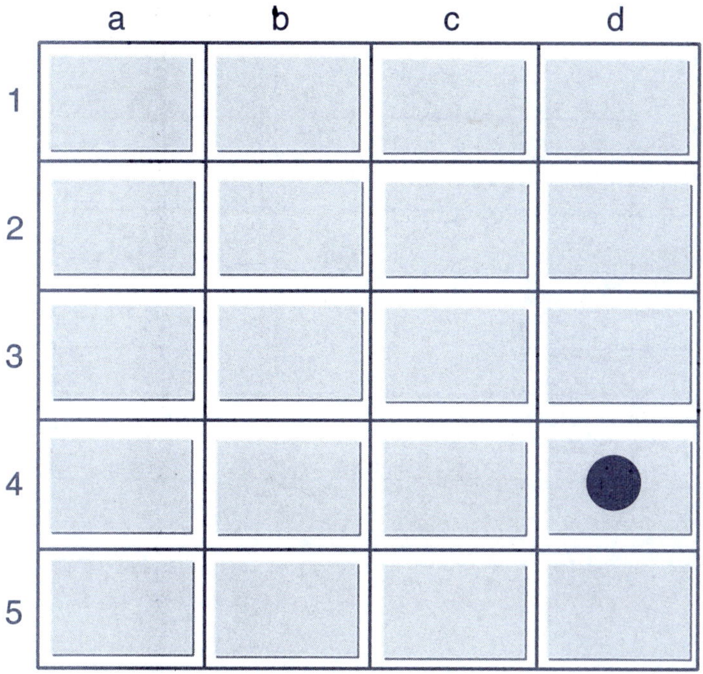

Test 6

Avancez le pion de 2 cases vers le nord, de 2 cases vers l'ouest, de 3 cases vers le sud, puis de 4 cases vers l'est, d'1 case vers le nord et de 2 cases vers l'ouest.
Dans quelle case se retrouve le pion ?

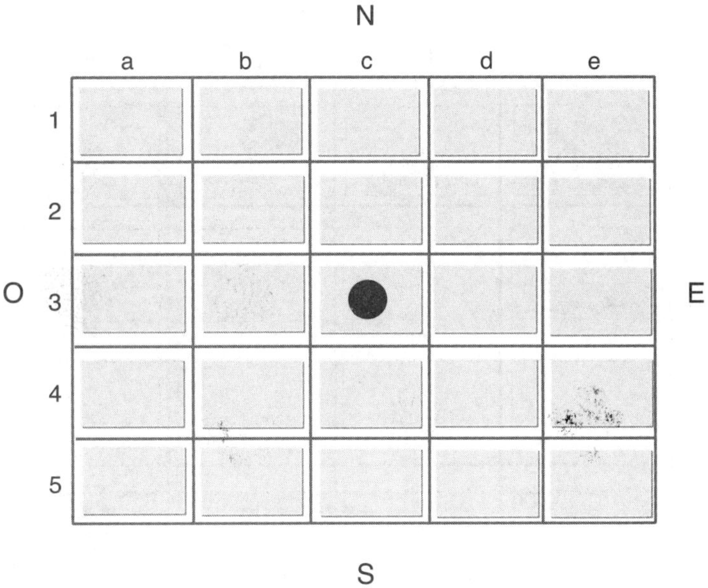

Test 7

Quelle est la figure ?

Elle est plus haut que le cube.
Elle est plus bas que le carré.
Elle est plus à gauche que le rond blanc.
Elle est à droite du rectangle, mais ne le côtoie pas.
La figure n'est pas à une extrémité.

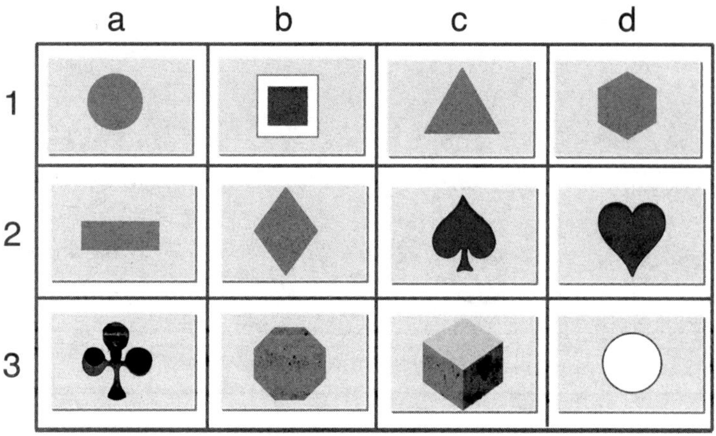

Test 8

Vous partez de Grenoble vers l'ouest. Vous prenez la 1re route à droite, puis la 1re à gauche, la 2e à droite et tout de suite à gauche, puis encore à droite. Là, prenez la 3e route sur le rond-point et enfin la 1re à droite ; c'est tout droit.
Vous arrivez à ?

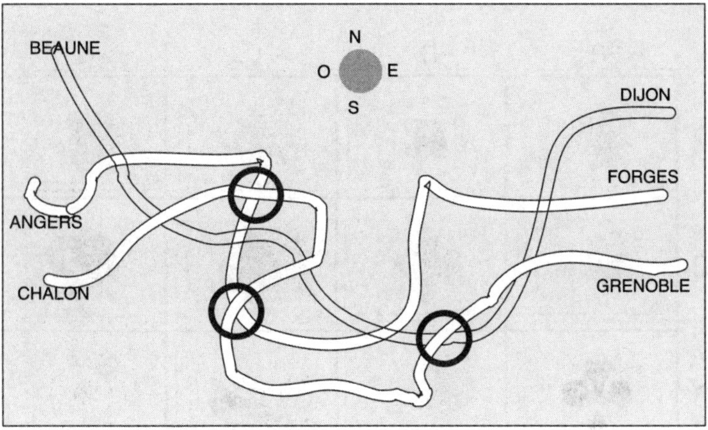

Test 9

Quelle est la figure ?

Elle n'est pas à droite du cube.
Elle est située plus bas que le losange.
Elle est plus haut que le pique, sans être immédiatement au-dessus.
Elle ne côtoie pas le cœur.

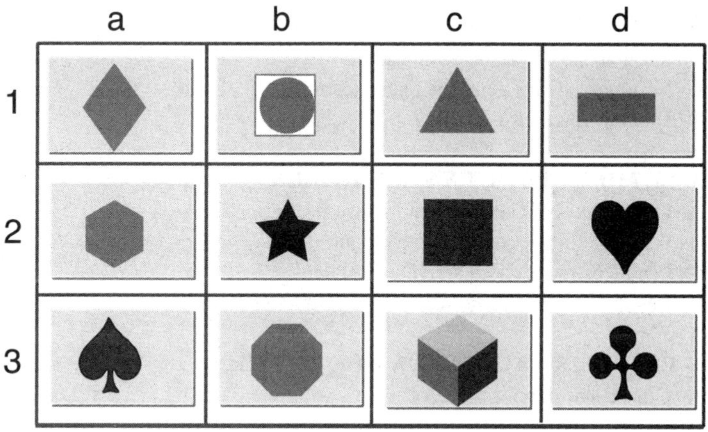

Test 10

Quelle est la signification la plus proche du proverbe en gras ?

1- QUI S'EXCUSE S'ACCUSE.

A- La justesse d'une action se juge par ses conséquences.

B- À coupable, coupable et demi.

C- Demander pardon, c'est déjà se dénoncer un peu.

D- Le crime est juste pour une juste cause.

2- À TROP TENDRE LA CORDE, ON LA ROMPT.

A- À trop en vouloir, on finit par ne rien avoir.

B- Si on abuse de sa force, on faiblit.

C- Ne jugez pas les gens sur leur apparence.

D- L'envie d'y mettre trop rompt le sac.

3- LE MIEUX EST L'ENNEMI DU BIEN.

A- Qui cache sa richesse ne saurait en profiter.

B- Il faut savoir se contenter de ce que l'on a.

C- Les idées reçues sont souvent trompeuses.

D- Les ignorants sont moins dangereux que les savants.

4- PRÉVENIR VAUT MIEUX QUE GUÉRIR.

A- Qui ne sait donner ne reçoit pas.

B- Le crime ne paie pas.

C- Mieux vaut prévoir pour n'avoir pas à réparer.

D- L'avare nuit à son propre enrichissement.

5- TANT VA LA CRUCHE À L'EAU QU'À LA FIN ELLE SE BRISE.

A- À force de travailler, on s'use.

B- Les meilleures choses ont une fin.

C- Plus on est de fous, plus on s'amuse.

D- La fin justifie les moyens.

Solutions

Test 1

1- Cervanne 3- Aïda
2- Béatrice 4- Deborah

Test 2

1- Murielle 3- Paule
2- Jeanne 4- Léa

Test 3

1- Jim, 2- Frank, 3- Mike, 4- Tony, 5- Dean

Test 4

1- Damien, 2- Alain, **3- Cédric**,
4- Étienne, 5- Bernard

Test 5

b5

Test 6

c3 (revenu au point de départ)

Solutions

Test 7 le pique

Test 8 Beaune

Test 9 l'étoile

Test 10 1C - 2A - 3B - 4C - 5B

Chapitre 2

Entraînement

11 – Mémoire

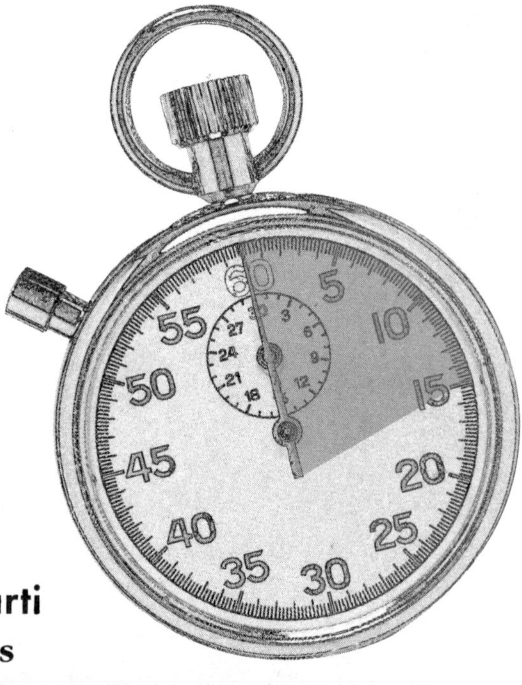

Temps imparti
15 minutes

Les tests de mémoire, qui sont de plus en plus souvent utilisés dans les tests de recrutement, consistent à connaître la capacité de mémorisation du candidat.

Il s'agit généralement de regarder quelques secondes un premier document (comportant des images, des lettres, des chiffres...), puis de passer à un second et de noter les différences.

Il y a plusieurs types de mémoire, la mémoire des images, celle des lettres, celle des chiffres et celle qui fait appel au raisonnement.

Test 1a

Mémorisez ces dessins, leur emplacement, leur orientation, puis passez à la page suivante.

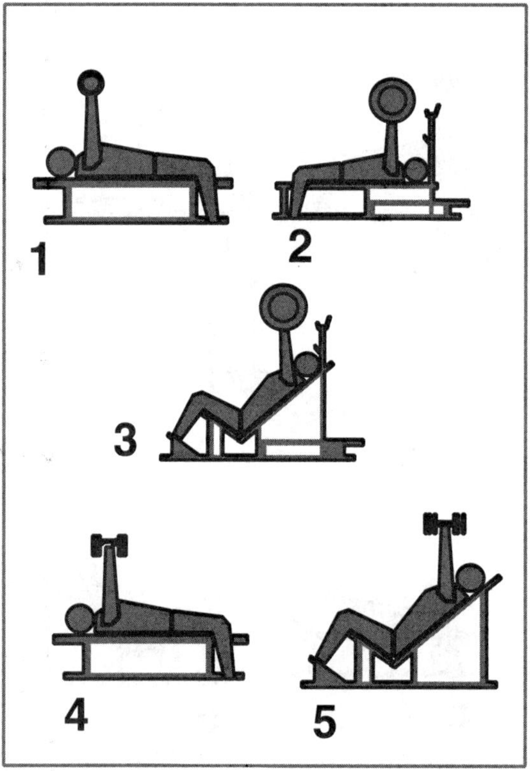

Test 1b

Quel dessin (a, b, c, d ou e) a changé de direction par rapport à l'un de ceux présentés à la page précédente ?

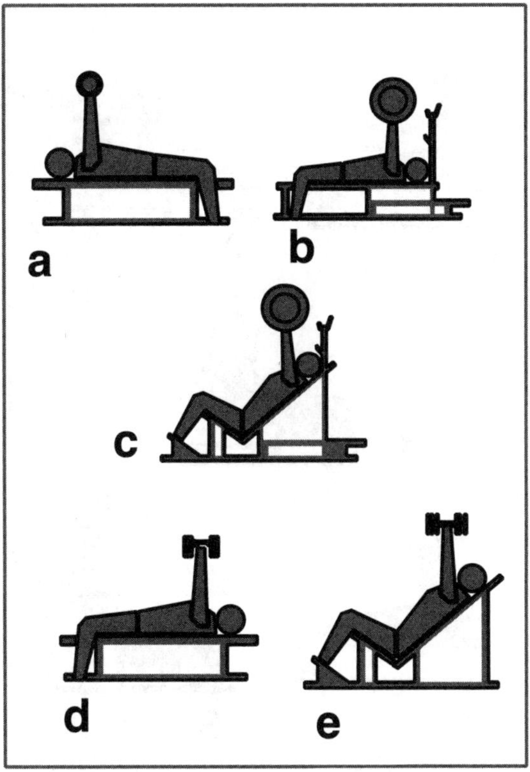

Comptez 5 points si vous avez bien répondu.

Notez vos points

Test 2 a

Mémorisez ces crayons, leur emplacement, leur orientation, puis passez à la page suivante.

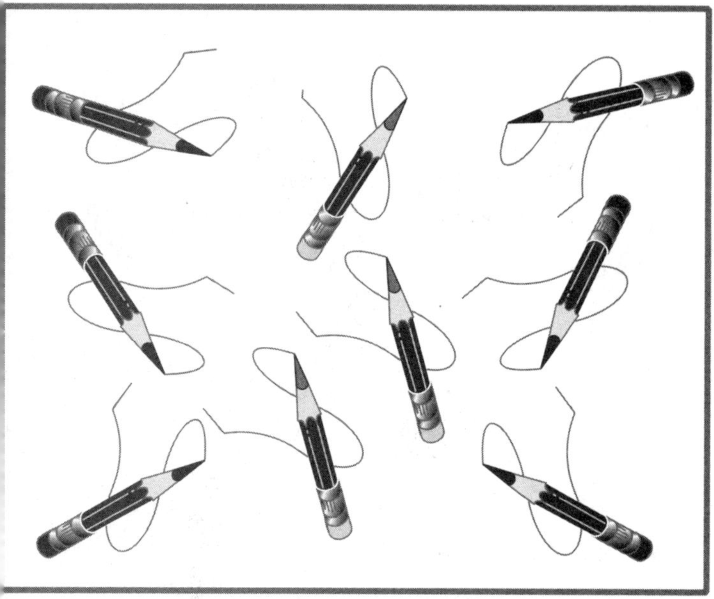

Test 2 b

Lequel, parmi ces crayons, ne figurait pas à la page précédente ?

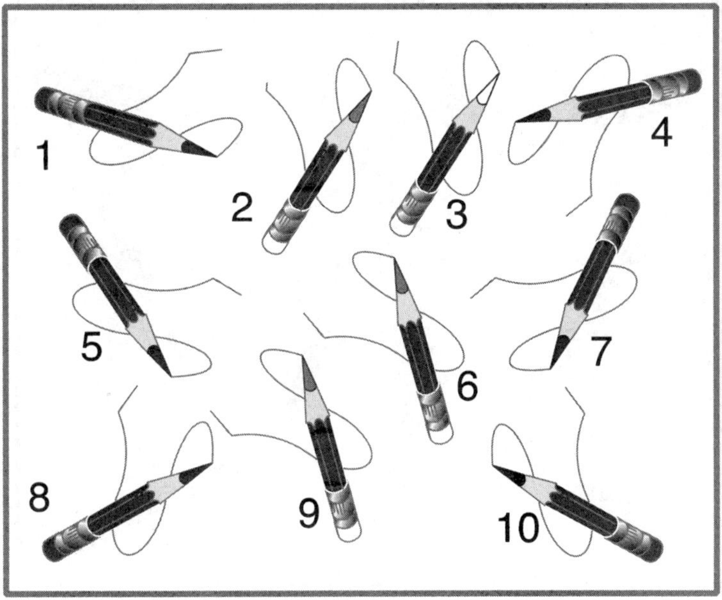

Comptez 5 points si vous avez bien répondu.

Notez vos points 5

Test 3 a

Mémorisez bien ces mains, leur orientation, puis passez à la page suivante.

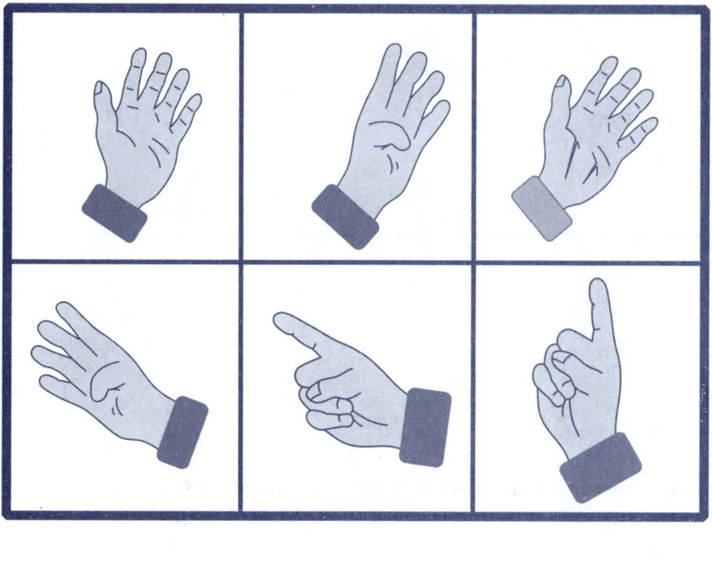

Test 3 b

Une seule de ces mains n'a pas changé d'orientation. Laquelle ?

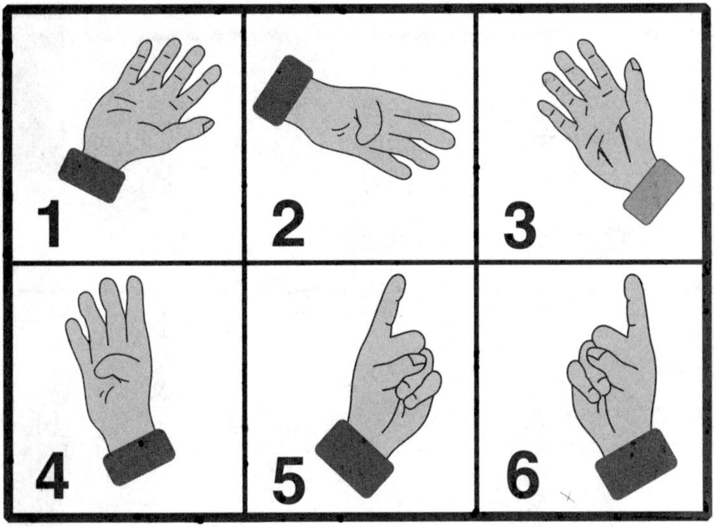

Comptez 5 points si vous avez bien répondu.

Notez vos points

Test 4 a

Mémorisez bien ces figures, leur emplacement respectif, leur orientation, puis passez à la page suivante.

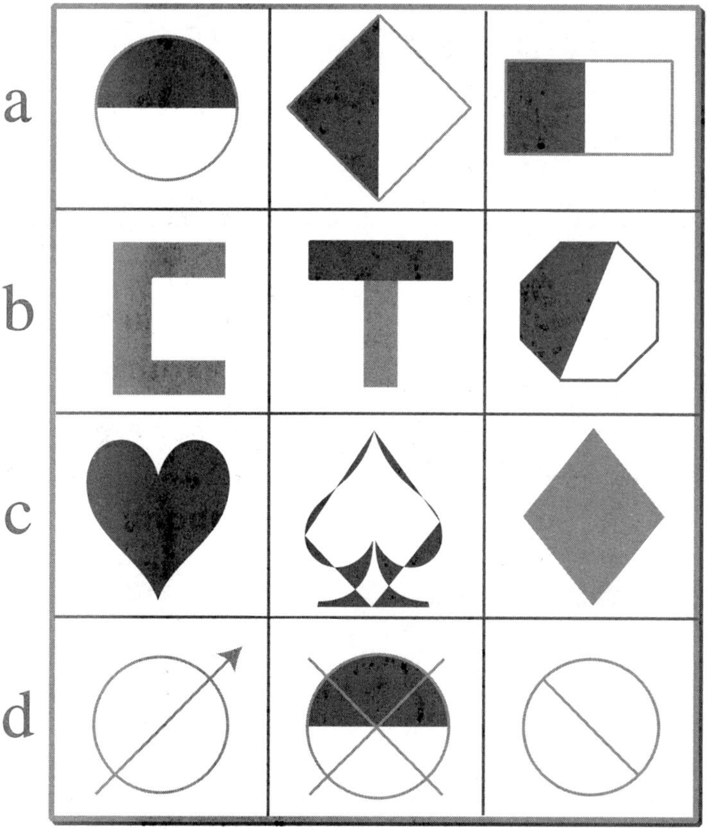

Test 4 b

Dans chacun de ces quatre groupes, cochez la série qui figurait à la page précédente.

a

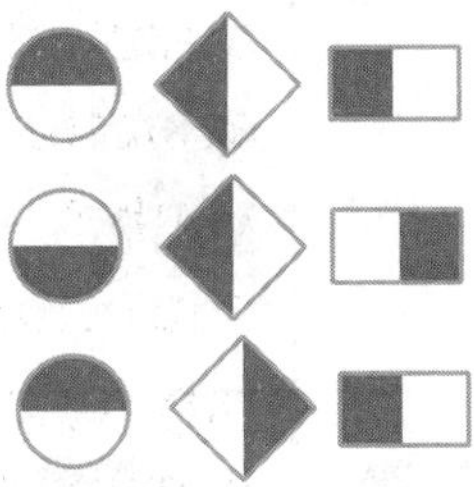

b

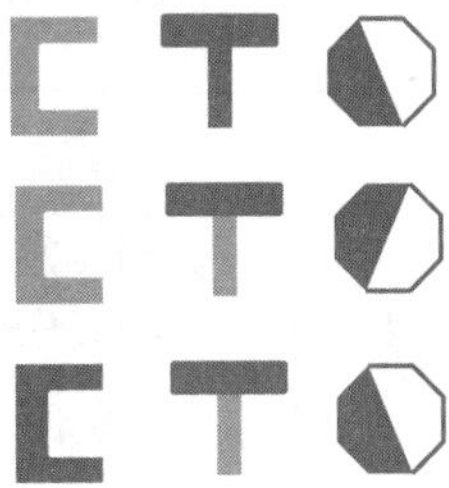

c

d

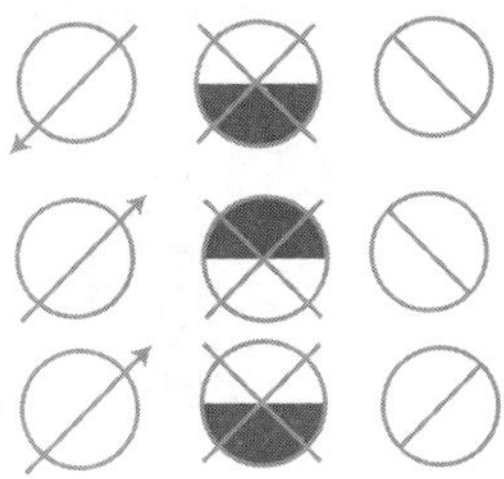

Comptez 5 points par bonne réponse.

Notez vos points 5

Test 5 a

Mémorisez bien ces associations de mots, puis passez à la page suivante.

chaise	table	téléphone
fromage	couteau	assiette
ferme	lait	vache
photo	enfants	souvenirs
jardin	fleurs	paysage
avion	nuages	transport

Test 5 b

Replacez les associations telles qu'elles figuraient à la page précédente.

fromage	fleurs	paysage
chaise	enfants	transport
photo	nuages	assiette
avion	table	vache
jardin	lait	souvenirs
ferme	couteau	téléphone

Comptez 5 points par bonne association.

Notez vos points

Test 6 a

Mémorisez bien ce tableau, puis passez à la page suivante.

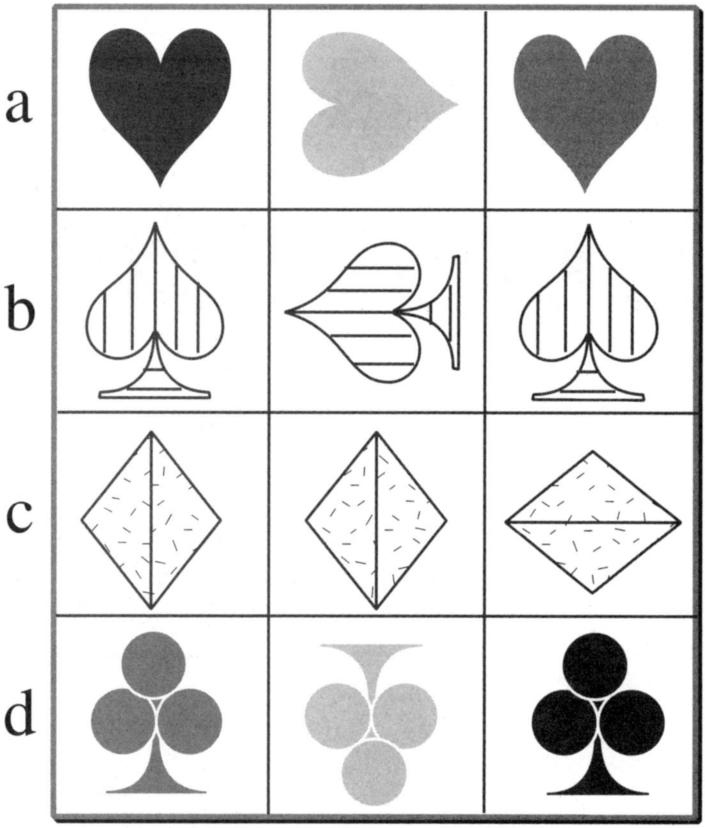

Test 6 b

Quelle rangée n'est pas identique à celle de la page précédente ?

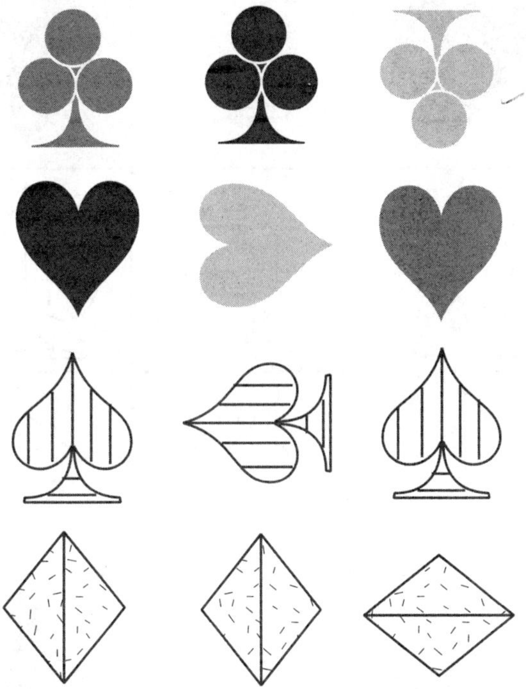

Comptez 5 points si vous avez bien répondu.

Notez vos points 5

Test 7 a

Mémorisez bien cette image, puis passez à la page suivante.

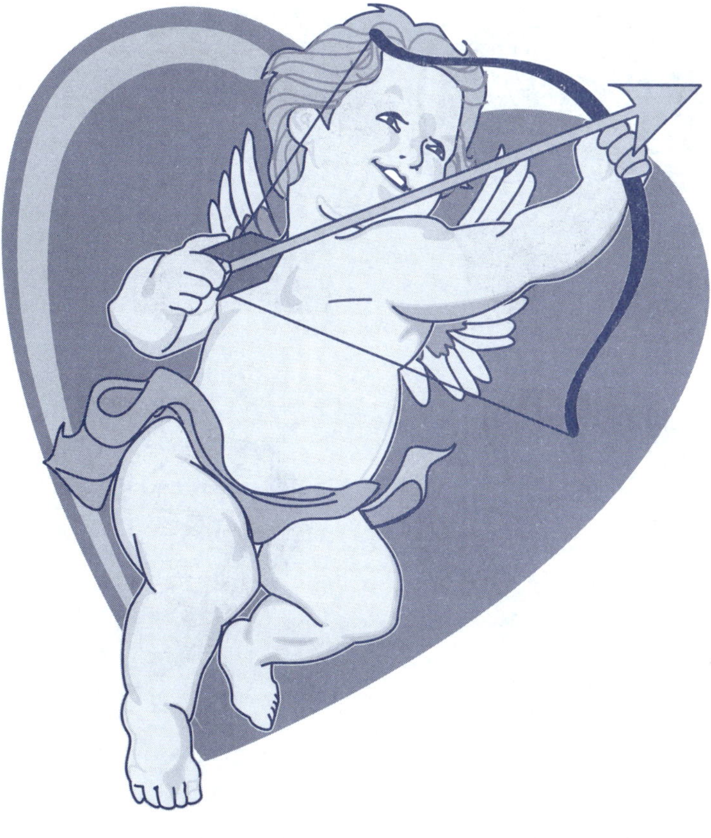

Test 7 b

Lequel de ces anges figurait à la page précédente ?

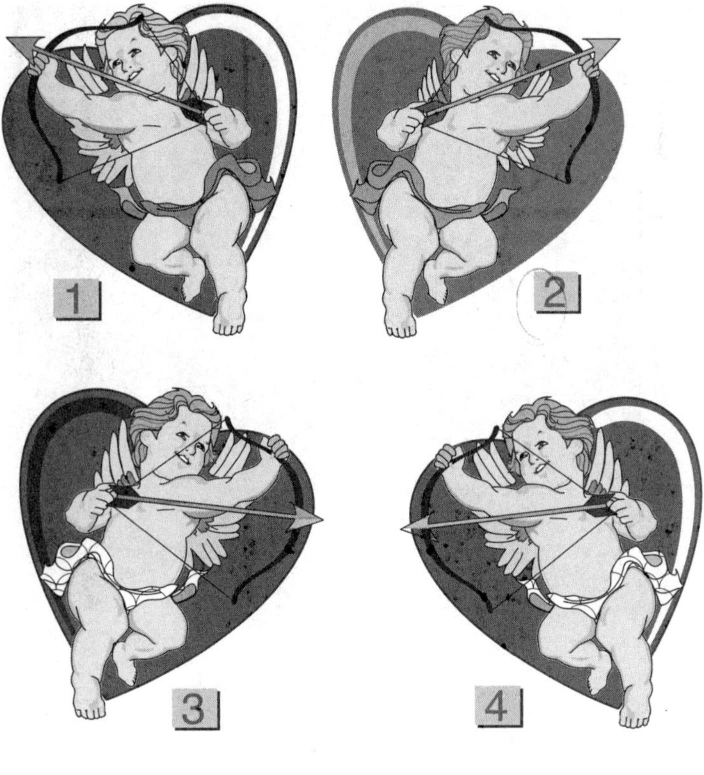

Comptez 5 points si vous avez bien répondu.

Notez vos points

Test 8 a

Mémorisez bien ces dés, puis passez à la page suivante.

Test 8 b

Un seul de ces dés figurait à la page précédente.
Lequel ?

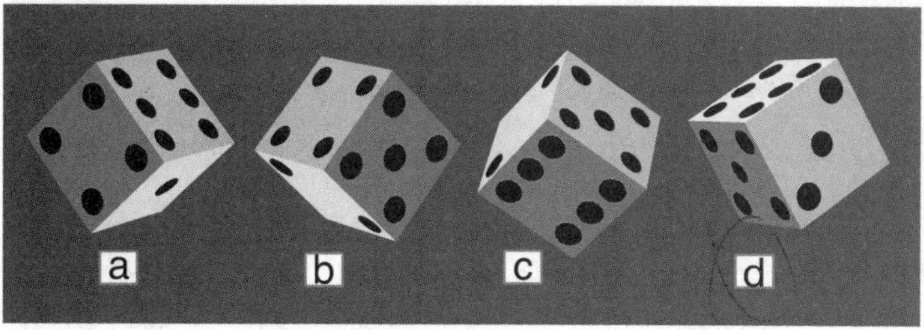

Comptez 10 points si vous avez bien répondu.

Notez vos points

Test 9 a

Mémorisez bien ce tableau, puis passez à la page suivante.

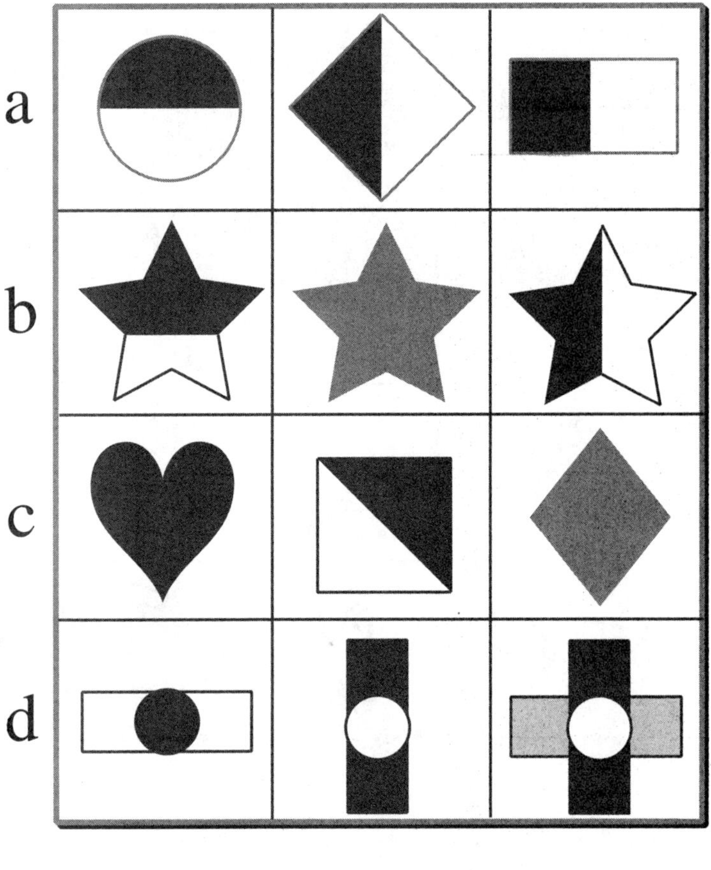

Test 9b

Quelle rangée (a, b, c ou d) n'est pas identique à celle de la page précédente ?

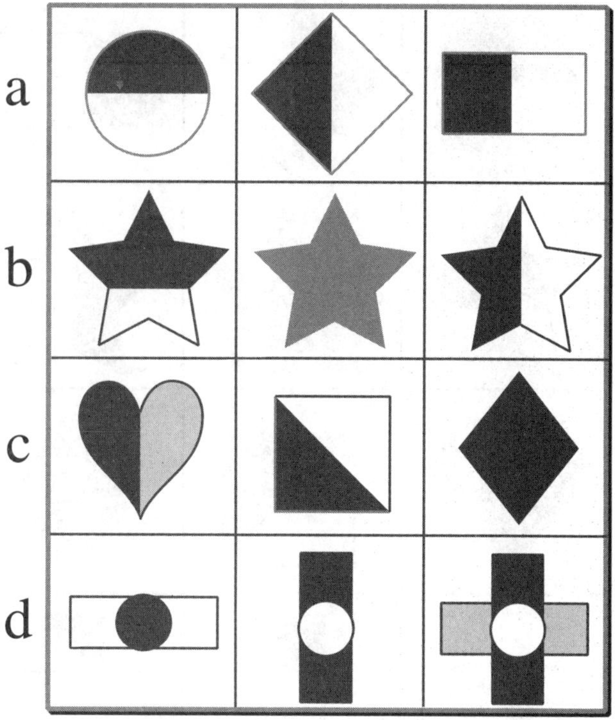

Comptez 5 points si vous avez bien répondu.

Notez vos points

Test 10 a

Mémorisez bien ces durées de vol, puis passez à la page suivante.

PARIS – LONDRES	1 h 35
NEW YORK – DALLAS	6 h 03
NEW DELHI – ANCHORAGE	9 h 40
BANGKOK – HONG KONG	4 h 45
TOKYO – SINGAPOUR	7 h 22
MARSEILLE – LYON	1 h 05
ROME – PARIS	3 h 07
PARIS – TUNIS	5 h 23

Test 10 b

Lequel de ces vols ne figurait pas à la page précédente ? Quel vol figurait à la place ?

PARIS – TUNIS	5 h 23
NEW YORK – DALLAS	6 h 03
NEW DELHI – ANCHORAGE	9 h 40
PARIS – LONDRES	1 h 35
TOKYO – SINGAPOUR	7 h 22
MARSEILLE – LILLE	1 h 35
ROME – PARIS	3 h 07
BANGKOK – HONG KONG	4 h 45

Comptez 5 points pour chaque bonne réponse.

Notez vos points 5

Tableau des résultats

Faites le total de vos points, puis reportez-vous au tableau ci-dessous.

Entre 0 et 35 points

Ces résultats sont très faibles. Vous devez avoir des difficultés à vous concentrer, ou bien vous n'exercez pas suffisamment votre mémoire. Refaites régulièrement ces tests pour situer le problème et acquérir des moyens mnémotechniques.

Entre 36 et 65 points

Votre mémoire se situe dans la bonne moyenne et vous pourrez, à force d'exercices, vous perfectionner sans problème. Pour acquérir des moyens mnémotechniques et les appliquer au mieux, exercez-vous régulièrement avec ces tests, surtout ceux où vous réussissez le moins bien. Vous parviendrez ainsi à passer dans la catégorie supérieure.

Plus de 65 points

Votre mémoire est excellente. Ne la laissez pas dormir pour autant ; il est nécessaire de vous entraîner pour la conserver, voire la développer. Sachez que la méthode mnémotechnique que vous avez su appliquer dans ces exercices qui font surtout appel à la mémoire visuelle peut s'appliquer à toute autre forme de test.

Chapitre 3

Test de contrôle

Temps imparti
20 minutes

Ce grand test, regroupant l'ensemble de ceux que vous avez faits dans les pages précédentes, vous aidera à voir dans quels domaines vous avez progressé, vous vous sentez à l'aise ou ceux dans lesquels vous avez encore des difficultés. À l'issue de ce test, vous trouverez un commentaire sur vos progrès et aptitudes. Nous vous conseillons de continuer à vous entraîner dans les domaines où vous êtes le plus faible, en refaisant régulièrement ces tests et d'autres, bien entendu.

Test 1

Quelle figure (a, b, c ou d) doit poursuivre logiquement cette séquence ?

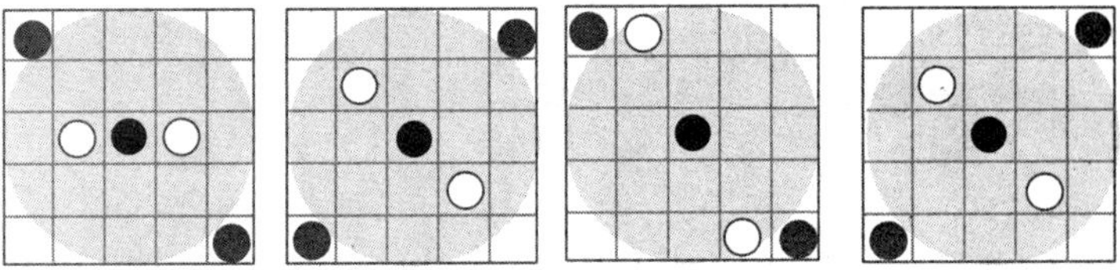

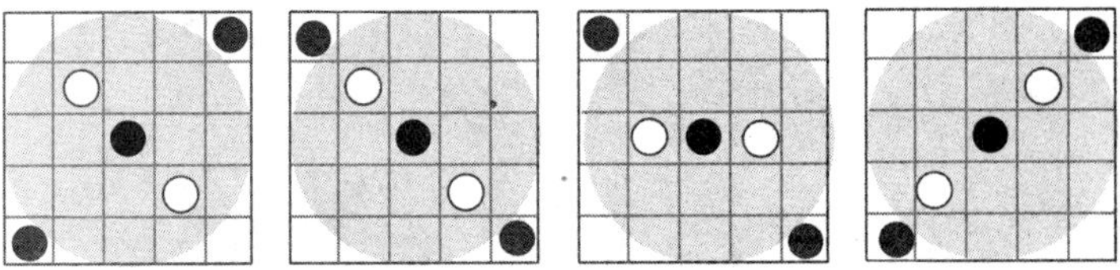

a b c d

Test 2

Quelle figure (a, b, c, d, ou e) complète logiquement la matrice ?

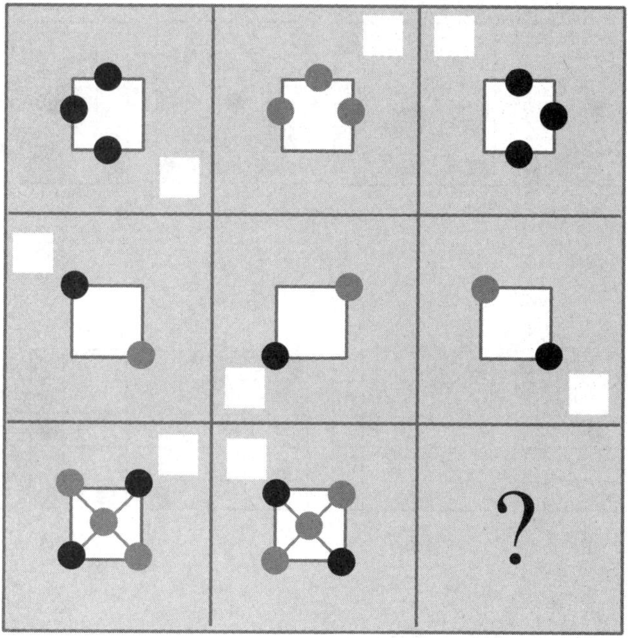

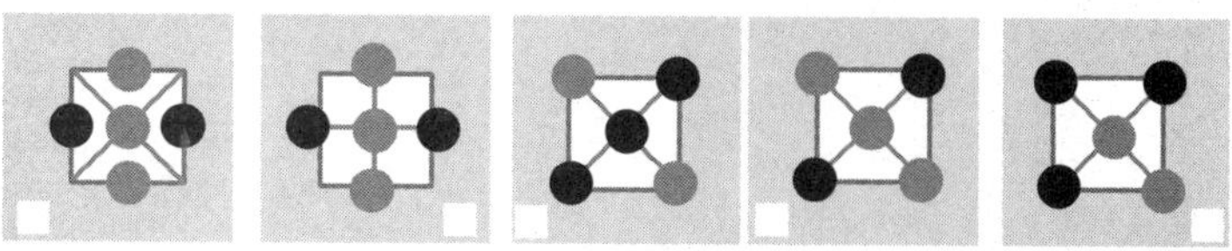

a b c d e

Test 3

Les étoiles remplacent des chiffres, de 1 à 5 (situés toujours à la même place d'une grille à l'autre).
La valeur de chaque rangée figure à droite ; la valeur totale de chaque grille en bas.
Pouvez-vous trouver les valeurs de la grille D ?

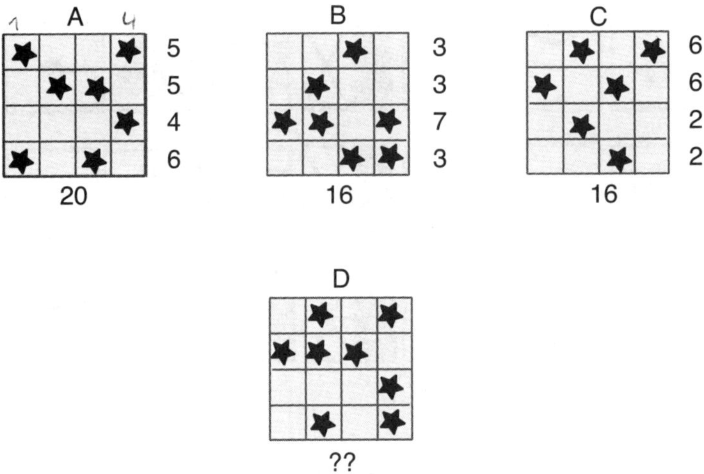

Test 4

Sachant que le premier mot transcrit est COURSER, écrivez le dernier mot dans les cases vierges.

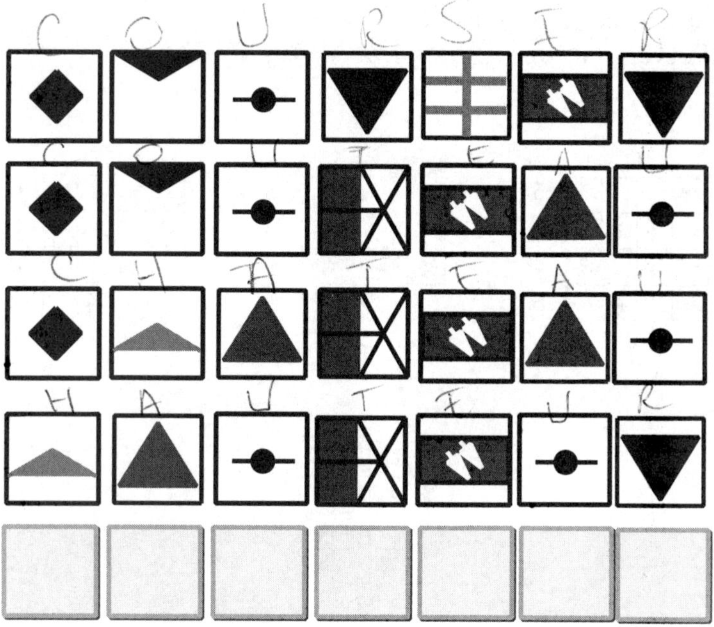

Test 5

Quelles figures faut-il placer dans les cases vierges ?
Les chiffres à l'extérieur de la grille, à gauche, correspondent au nombre de figures qui se trouvent dans celles à placer. Les chiffres de droite représentent le nombre de figures qui, parmi celles-ci, se trouvent à la bonne place.

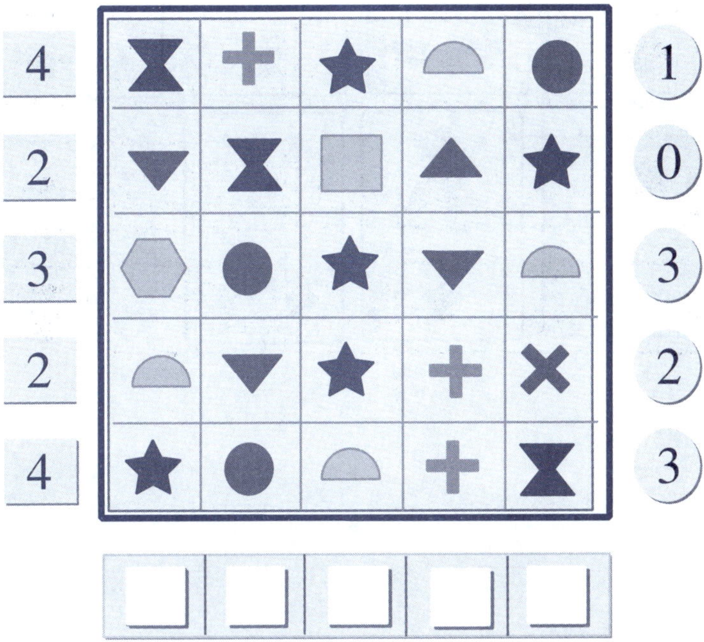

Test 6

Quelle doit être logiquement la carte cachée ?

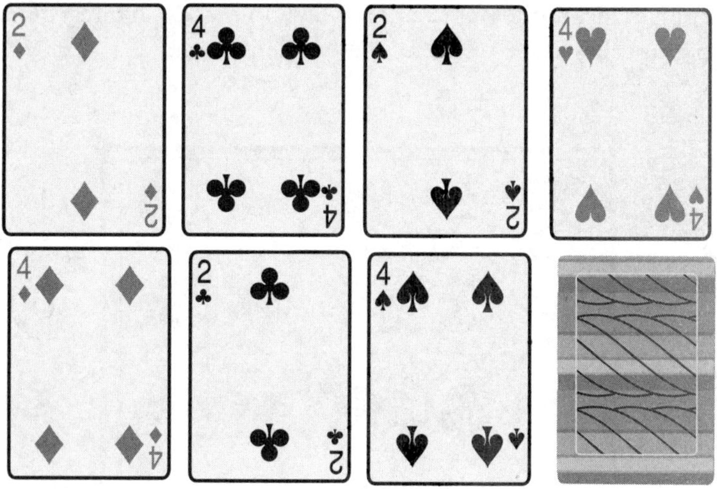

Test 7

Quel doit être logiquement le domino caché ?

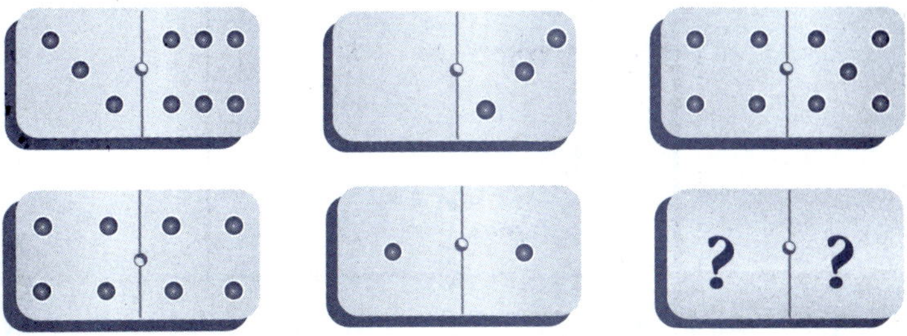

Test 8

Parmi les cubes dépliés a, b, c, d, quel est celui qui ne correspond pas au cube déplié ?

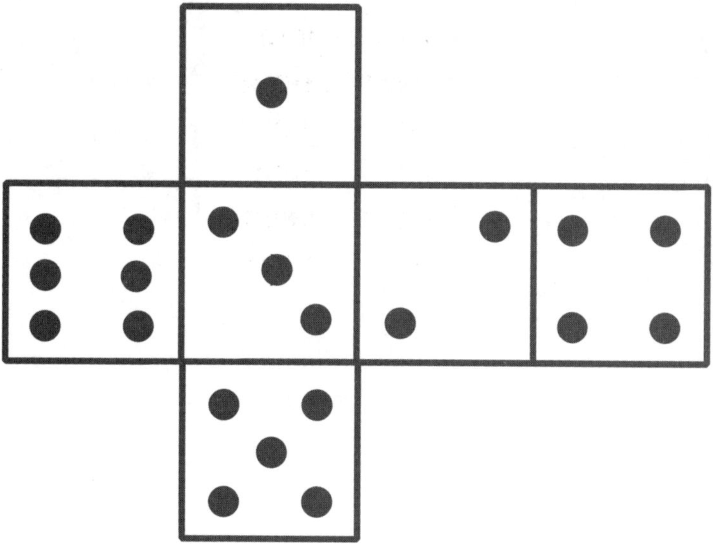

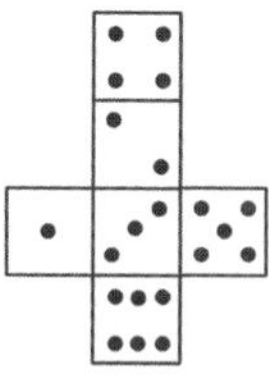

a

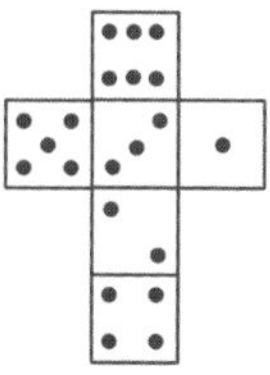

b

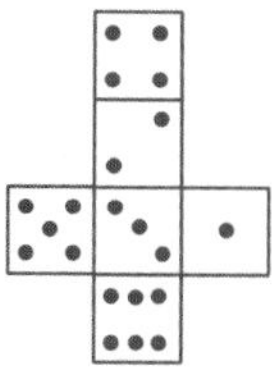

c

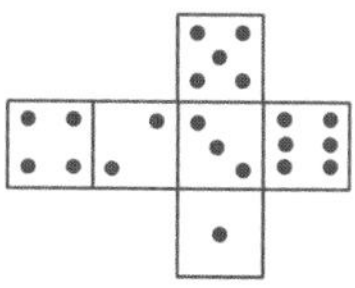

d

Test 9

Soulignez dans la série ci-dessous le mot dont le sens diffère de celui des autres.

1 - despote
2 - tyrannique
3 - vainqueur
4 - dictateur
5 - dominateur
6 - impérieux

Test 10

Quel mot a le même sens que celui en majuscules ?

OSTENSIBLE

oscillant, voyant, criard

Test 11a

Mémorisez bien ce dessin, puis passez à la page suivante.

Test 11b

Lequel de ces dessins figurait à la page précédente ?

Test 12

Quelle figure (a, b, c ou d) remplace la case avec le point d'interrogation ?

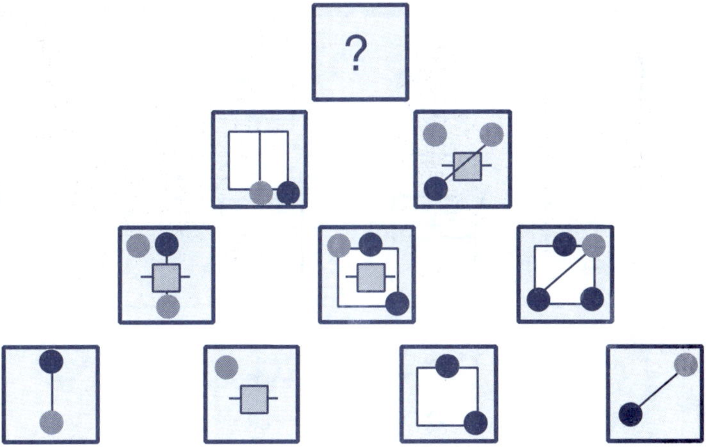

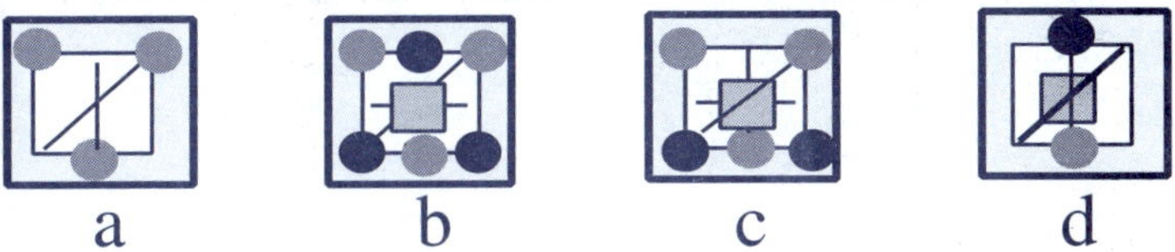

Test 13

Quelle figure, de 1 à 9, ne correspond pas à la logique qui régit l'ensemble de la matrice ?

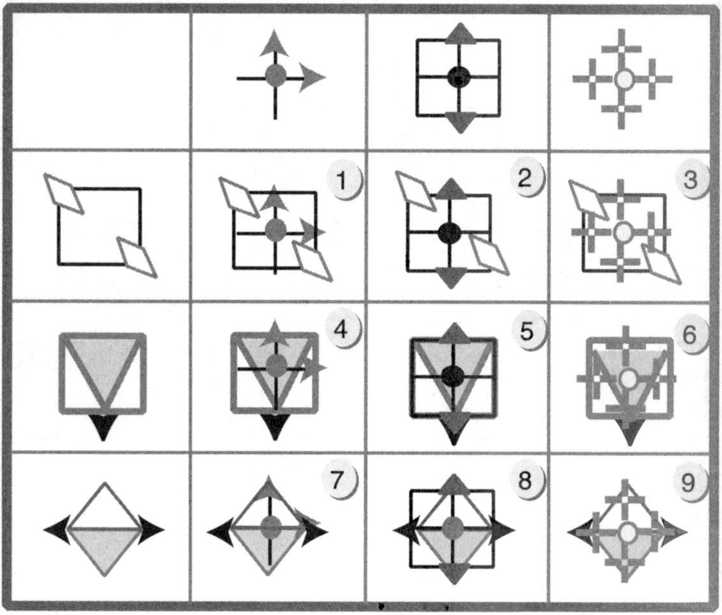

Test 14

Quels chiffres doivent remplacer les points d'interrogation dans le cercle de droite ?

Test 15

Quelle figure (A, B, C ou D) doit s'inscrire dans le carré du centre ?

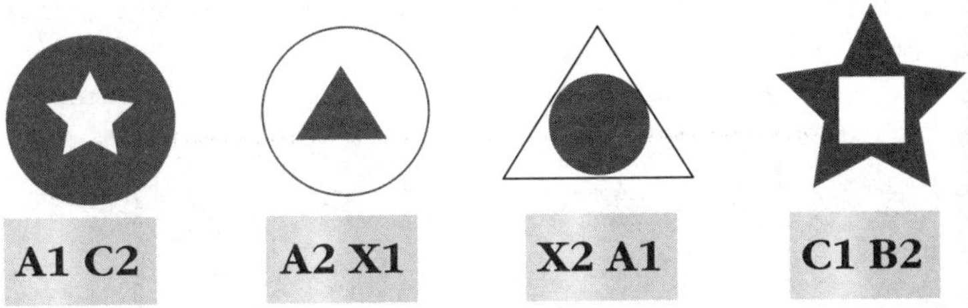

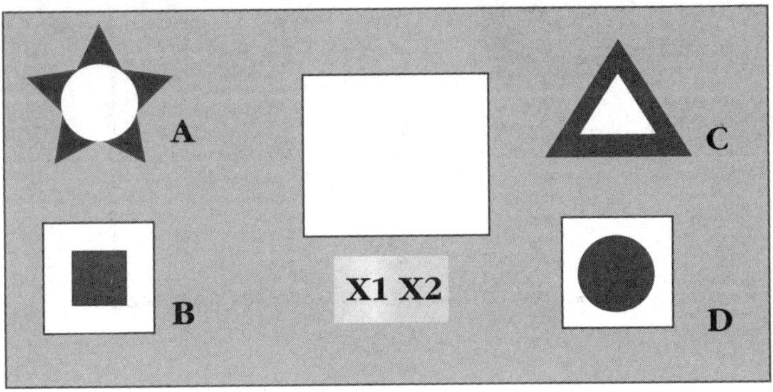

Test 16

Quelles lettres faut-il placer dans les cases vierges? Les chiffres à l'extérieur de la grille, à gauche, correspondent au nombre de lettres qui, dans chaque rangée, figurent dans celles à placer. Les chiffres situés à droite représentent le nombre de lettres qui, parmi celles-ci, se trouvent à leur bonne place.

4	A	K	W	B	Z	1
2	B	Y	W	E	A	2
2	E	B	Z	W	O	0
3	M	B	W	K	Y	3
4	O	Z	W	K	M	3

Test 17

Quelle doit être logiquement la carte retournée ?

Test 18

Quel doit être logiquement le domino caché ?

Test 19

Laquelle de ces figures, a, b, c ou d, n'est pas identique à une autre tournée de 90° dans le sens des aiguilles d'une montre ?.

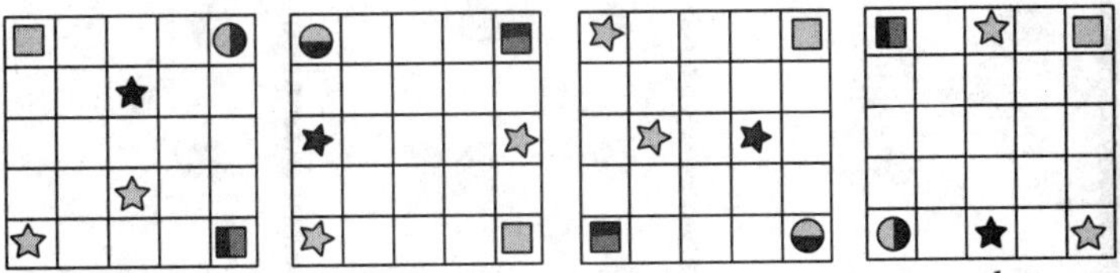

a b c d

Test 20

Deux de ces mots ont un sens proche. Lesquels ?

a – communiquer
b – cadrer
c – traverser
d – présager
e – correspondre

Test 21

Déplacez le pion foncé de 2 cases vers la droite, puis remontez-le d'1 case et redescendez-le de 3 cases, sautez 2 cases horizontalement et restez là.
Prenez le pion clair, déplacez-le d'1 case vers la gauche, puis de 2 cases vers le haut et enfin de 2 cases vers la droite.
Où sont vos deux pions ?

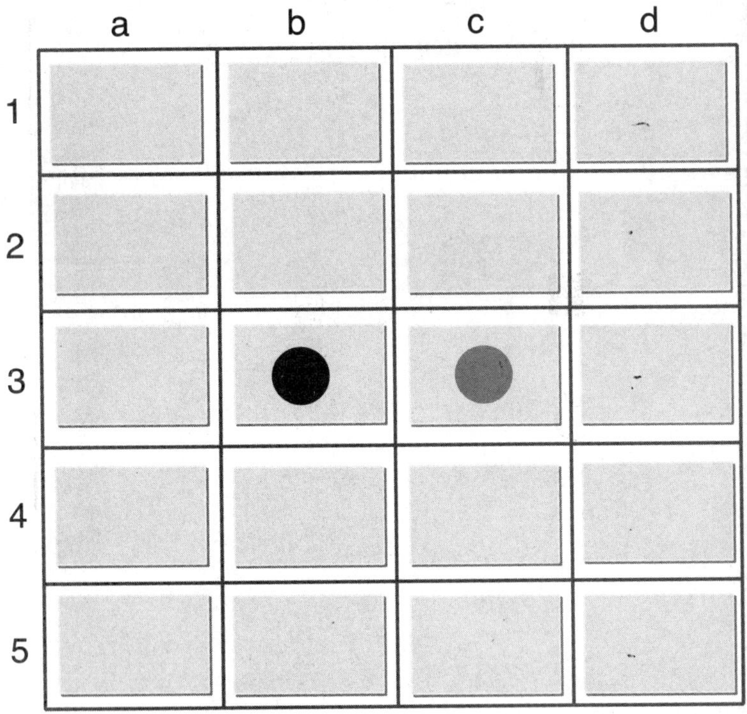

Test 22 a

Mémorisez bien cette figure, puis passez à la page suivante.

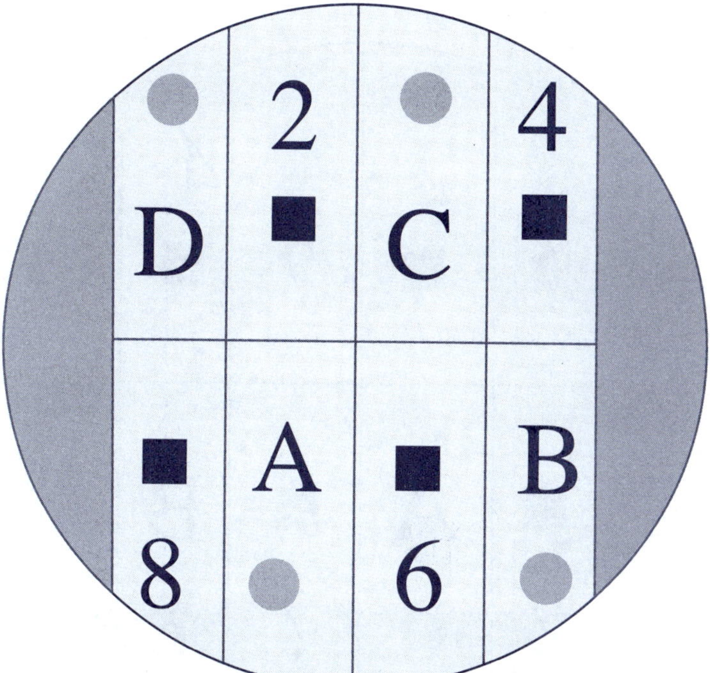

Test 22 b

Remplacez les points d'interrogation par les lettres ou chiffres qui figuraient à la page précédente.

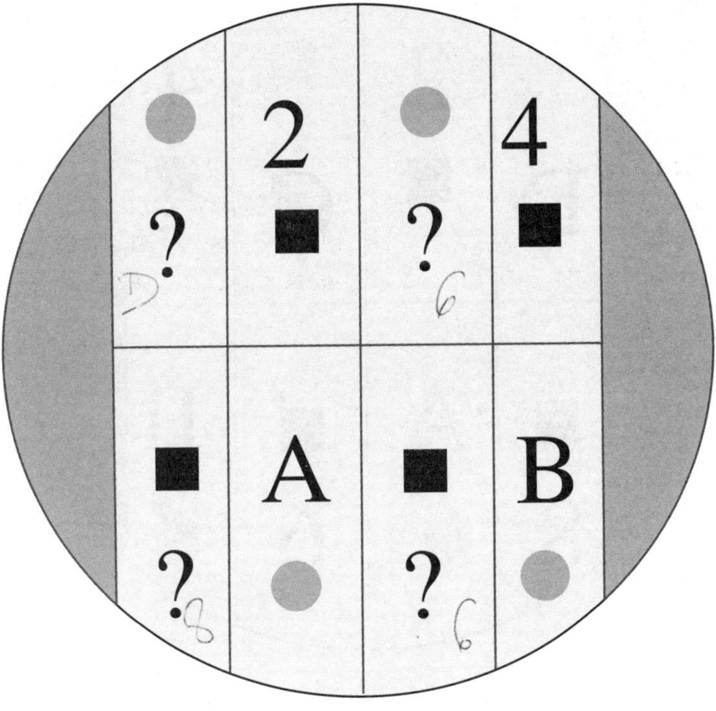

Test 23

Quelle figure (A, B, C ou D) continue logiquement la série ?

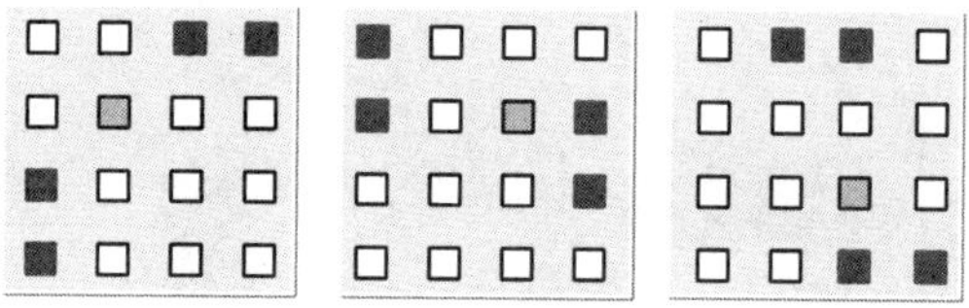

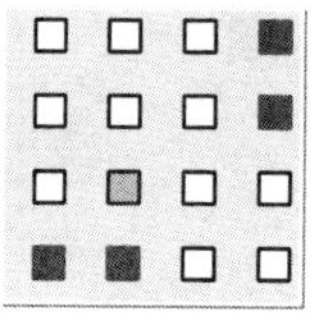

A

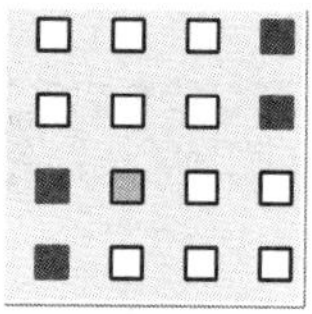

B

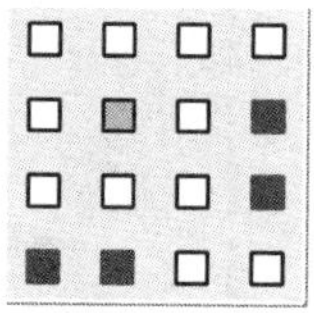

C

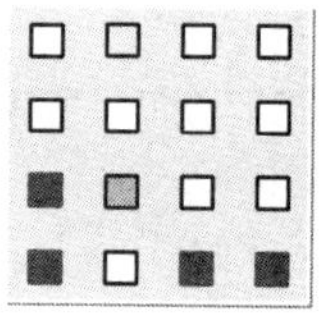

D

Test 24

Quelle figure (a, b, c, d ou e) doit compléter logiquement la matrice ?

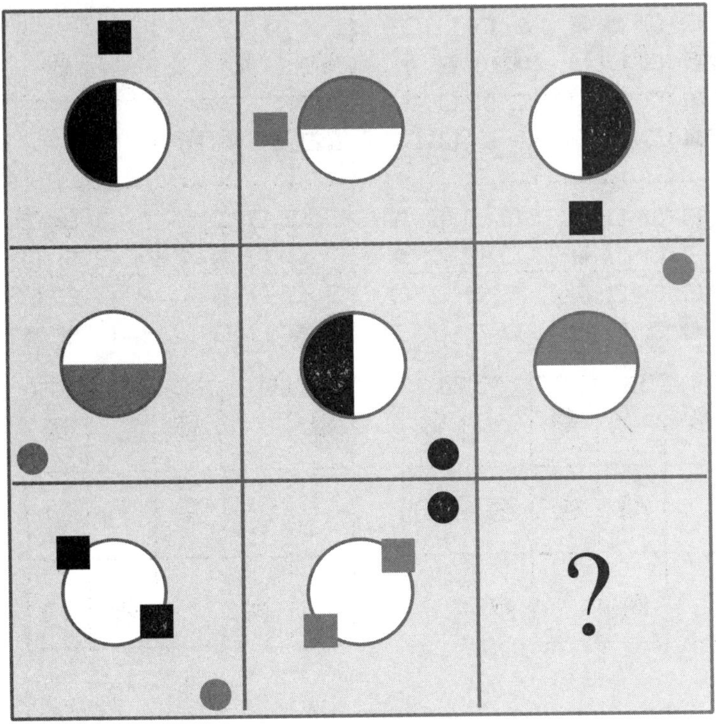

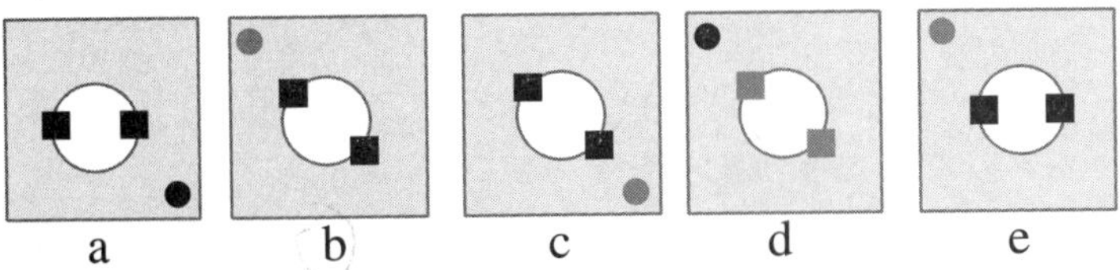

Test 25

Quelle est la valeur de la grille avec le point d'interrogation ?

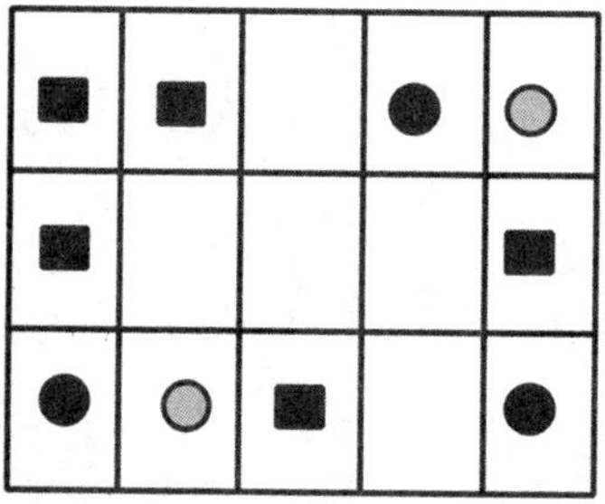

38

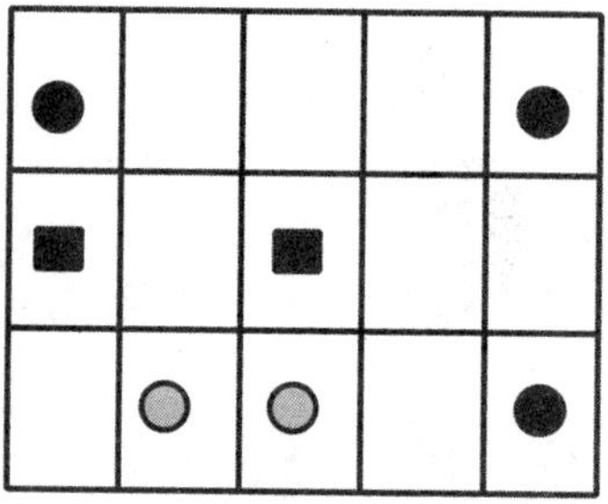

23

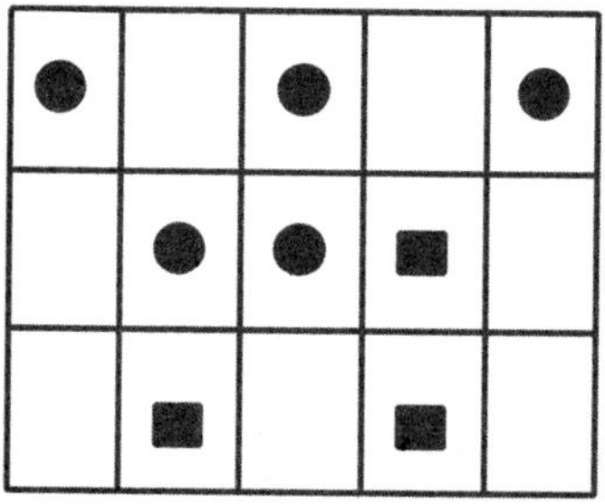

30

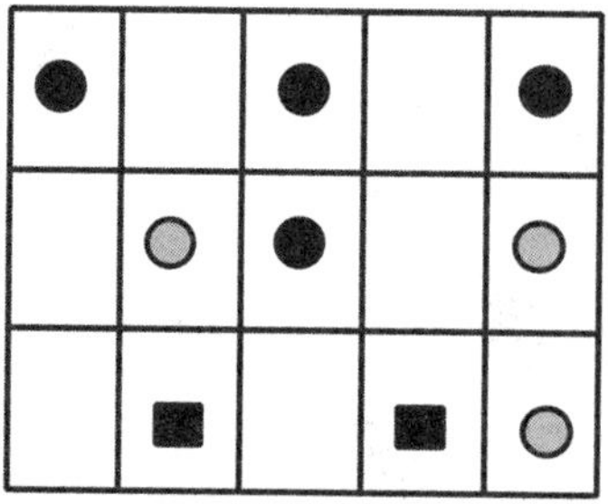

?

Test 26

Quelle maxime se cache sous ce texte codé ?

L	L	A	A	T	C	A	O	C	M
T	P	I	R	Q	E	U	H	E	E
A	N	I	S	D	I	E	O	A	N

Test 27

Quelles figures faut-il placer dans les cases vierges? Les chiffres à l'extérieur de la grille, à gauche, correspondent au nombre de figures qui se trouvent dans celles à placer. Les chiffres de droite représentent le nombre de figures qui, parmi celles-ci, se trouvent à la bonne place.

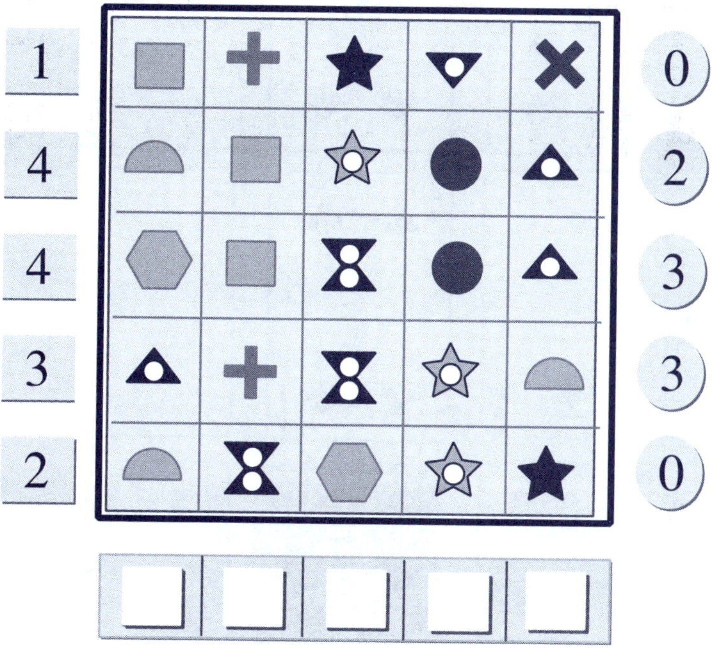

Test 28

Quelle doit être logiquement la carte cachée ?

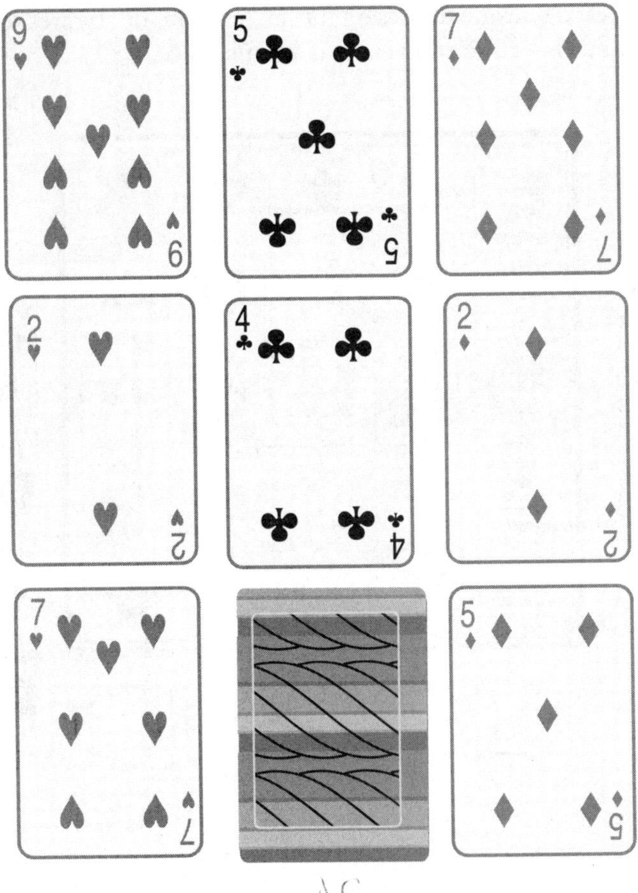

Test 29

Quel doit être logiquement le domino caché ?

Test 30

Laquelle parmi les figures a, b, c, d ou e n'est pas un extrait réduit de l'étoile ci-dessous ?

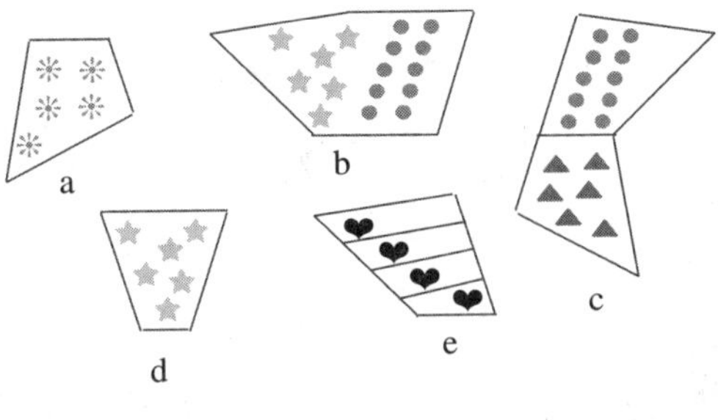

Test 31

Quel est l'intrus ?

Bravoure
Témérité
Opiniâtre
Vaillance
Fougue

Test 32

Quelle est la figure ?

Elle n'est pas juste sous le trèfle à l'envers, mais en tout cas plus bas. Elle se situe au-dessus du cœur, mais ne côtoie pas le losange. Elle n'est pas à une extrémité, elle n'est pas immédiatement sous le cercle blanc non plus ; en revanche, elle côtoie le pique.

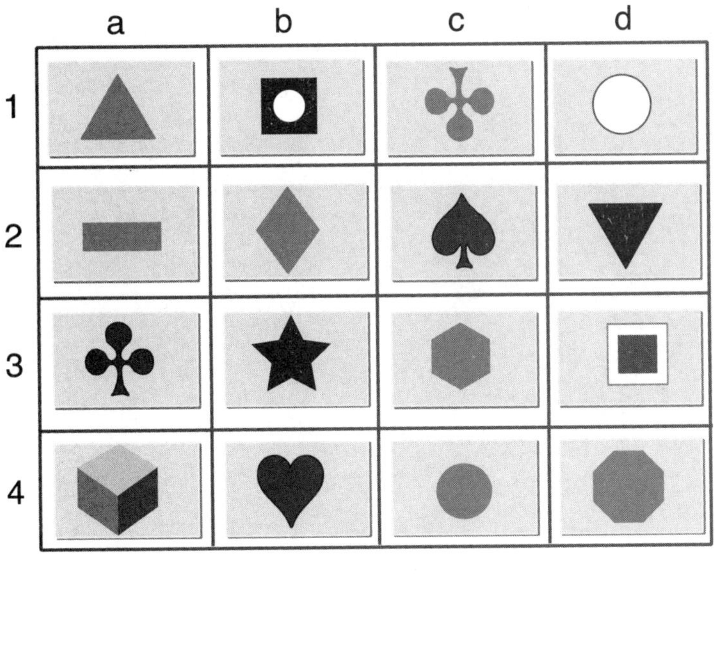

Test 33 a

Mémorisez bien ce dé déplié, puis passez à la page suivante.

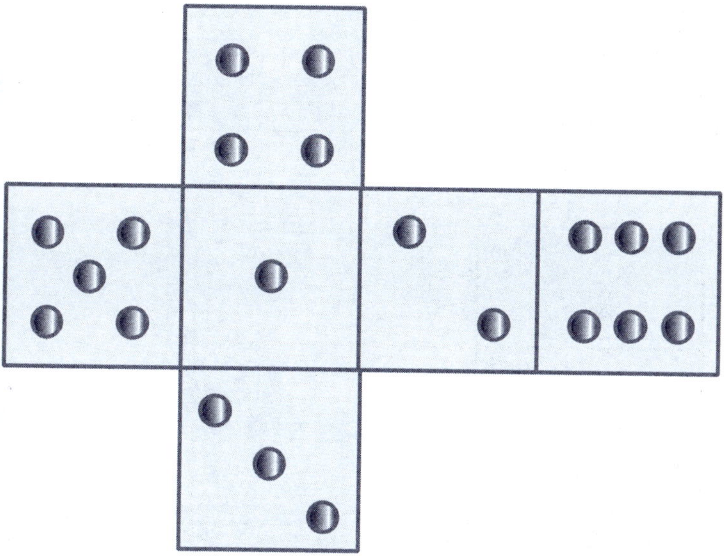

Test 33 b

Lequel, parmi ces dés dépliés, est celui qui figurait à la page précédente, mais orienté différemment ?

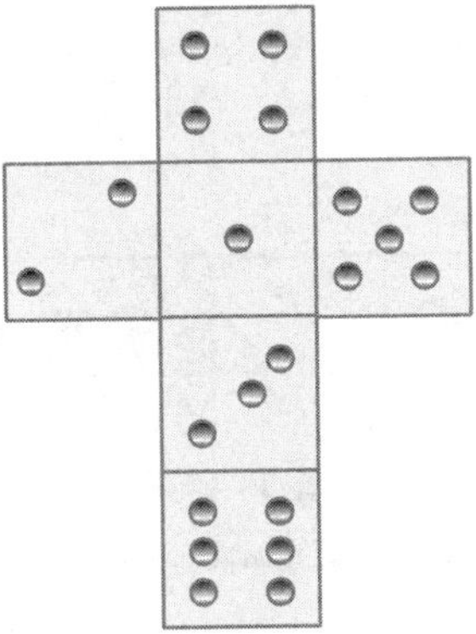

a

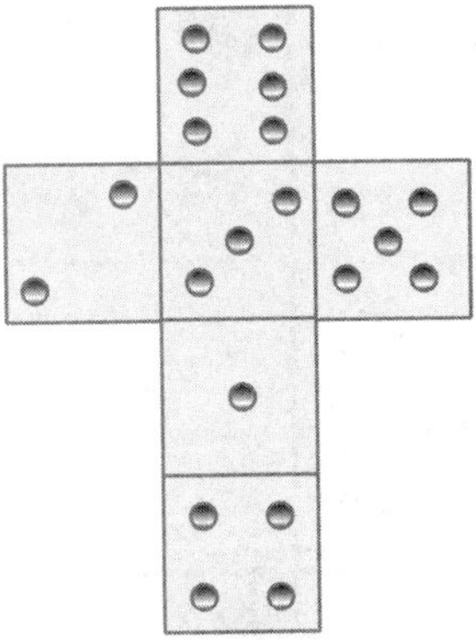

b

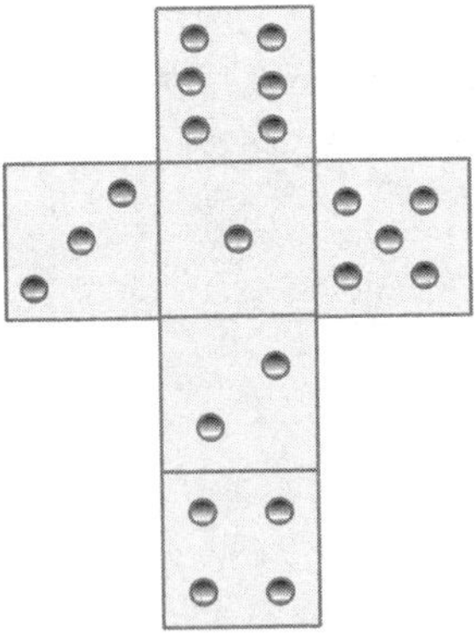

c

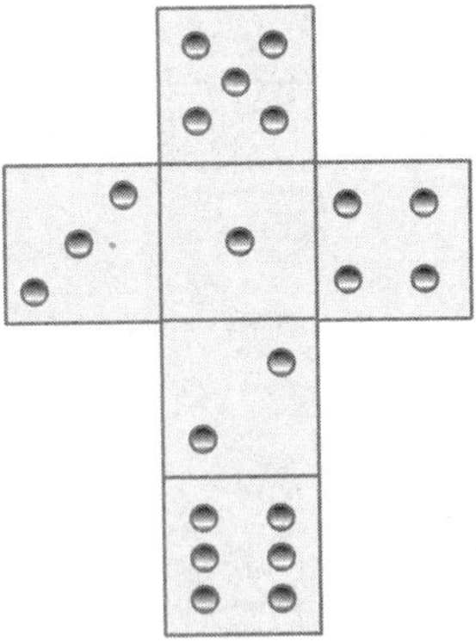

d

Solutions

Test 1

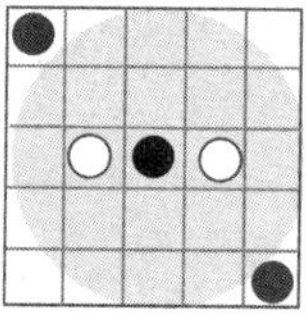

c

Les points blancs se déplacent verticalement sur une même ligne et repartent en sens inverse lorsqu'ils arrivent à une extrémité. Le point noir reste au centre. Les points gris se déplacent d'un angle du carré à l'autre latéralement.

Test 2

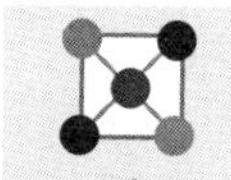

d

Dans chaque case, la figure centrale effectue une rotation de 90° dans le sens des aiguilles d'une montre.
Le carré blanc extérieur se déplace dans le sens inverse des aiguilles d'une montre, d'un angle à l'autre.

Test 3

1	2	3	4	6
4	3	2	1	9
1	2	3	4	4
4	3	2	1	4
	23			

Test 4

HAUTEUR. Successivement : COURSER, COUTEAU, CHÂTEAU, HAUTEUR.

Test 5

Test 6

On a deux séries de cartes de chaque couleur, pique, cœur, carreau et trèfle, une série avec les 2 et une avec les 4 qui sont disposés en zigzag.

Solutions

Test 7

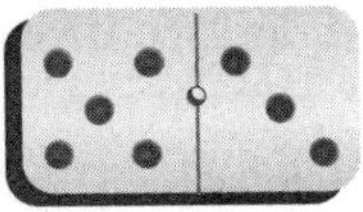

La lecture se fait verticalement. De haut en bas, on descend d'1 terme de demi-domino en demi-domino. De bas en haut, on monte de 2.

Test 8

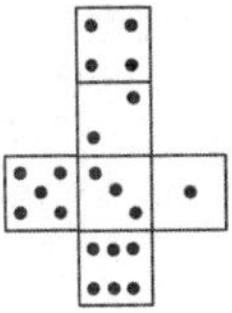

c

Test 9

3 - vainqueur

Test 10

voyant

Test 11

A

Test 12

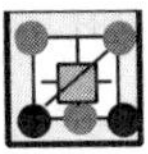

C

Les figures de chaque rangée superposées deux par deux donnent la figure située au-dessus. Lorsque deux traits ou points se superposent, ils s'annulent.

Solutions

Test 13

8

Chacune des 3 figures de la 1re bande horizontale se superpose successivement aux 3 figures de la colonne de gauche.
La figure 8 ne correspond pas à la logique qui régit l'ensemble.

Test 14

Dans le cercle de gauche, les chiffres se déplacent dans le sens des aiguilles d'une montre d'autant de cases qu'il y a de lettres dans leur orthographe.
Exemple : 1 = un = 2 lettres, donc 2 cases, 5 = 4 cases, etc.

Test 15

X1 X2

1re lettre et 1er chiffre = respectivement forme et couleur extérieures.
2e lettre et 2e chiffre = respectivement forme et couleur intérieures.

Test 16

Test 17

Dans chaque colonne, la valeur totale des cartes progresse de 2 en 2: 5, 7, 9... 11.
Les couleurs sont les mêmes dans chaque colonne, donc carreau.

Solutions

Test 18

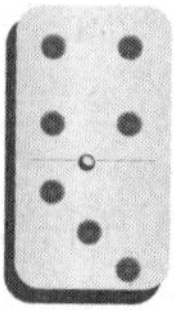

Les dominos se lisent verticalement, et en zigzag. Leur valeur croît d'un point dans chaque demi-domino et repart du nombre de points du dernier demi-domino sur le suivant. Quand on arrive au 6, les valeurs décroissent.

Test 19

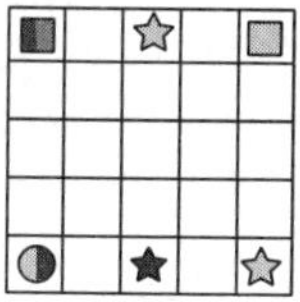

d

b et d ne correspondent pas exactement.

Test 20

a - e

Test 21

pion foncé en a5
pion clair en d1

Test 22

D, C - 8, 6

Test 23

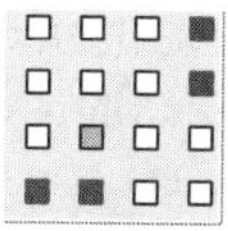

A

Les carrés de couleur foncée se déplacent ensemble autour de la grille, de 2 cases en 2 cases, dans le sens des aiguilles d'une montre. Les carrés de couleur claire se déplacent de case en case, en carré au centre, dans le même sens.

Solutions

Test 24

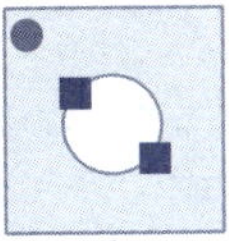

b

Les figures extérieures se déplacent de 90° dans les carrés, dans le sens inverse des aiguilles d'une montre.
Les figures centrales pivotent de 90° dans le sens des aiguilles d'une montre.
Toutes les figures changent de couleur une fois sur deux.

Test 25

28

2
3
5

Test 26

La tactique aide à la compréhension. (la lecture se fait ligne après ligne, de gauche à droite, en sautant à chaque fois 1 lettre. À la fin de la 3e ligne, on reprend à la 1re, en partant de la 2e lettre).

Test 27

Test 28

Les cartes se lisent par colonne : la valeur de la carte du haut – celle de la carte du milieu donne celle de la carte du bas. Chaque colonne est d'une seule couleur.

Test 29

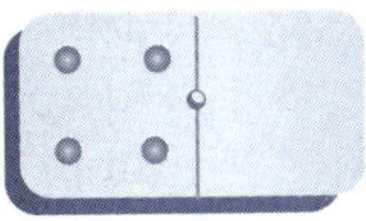

La lecture se fait horizontalement, rangée par rangée. Moitié haute/basse du domino de gauche – moitié gauche/droite du domino du centre = moitié haute/basse du domino de droite.

Solutions

Test 30

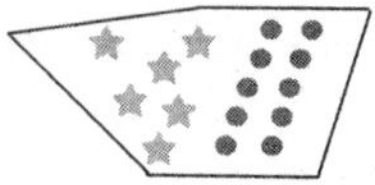

b

Test 31 OPINIÂTRE évoque l'entêtement et non le courage.

Test 32 l'hexagone

Comptez 6 points par réponse exacte.
Dans le cas où la question demande plusieurs réponses, comptez 6 points pour chaque bonne réponse.
Pour les questions de mémoire, comptez 5 points par bonne réponse.

Résultats et commentaires

Vous avez entre 0 et 60 points : Inférieur à la moyenne

Il est évident que vous avez des lacunes dans certains secteurs. Le test n'était pas facile, et les éléments très divers. Avant d'envisager de vous présenter à un test d'embauche, entraînez-vous avec les tests de ce livre afin de vous améliorer dans les secteurs où vous êtes le plus faible.

Vous avez entre 61 et 150 points : Dans la bonne moyenne

Vous avez des résultats qui se situent dans la moyenne. Vous réfléchissez, c'est sûr, mais semblez avoir quelque difficulté ou aversion pour certains types de questions. Entraînez-vous en refaisant les tests : vous devriez vous améliorer assez rapidement, et pouvoir vous présenter plus détendu devant un recruteur.

Vous avez plus de 150 points : Supérieur à la moyenne

Vous vous situez à un niveau supérieur à la moyenne, et nous vous en félicitons. Cependant, vous avez encore quelques points faibles ; peut-être ne comprenez-vous pas toujours la question. Refaites ces tests, en particulier ceux où vous avez le plus de difficulté et, à force de pratique, vous pourrez améliorer votre score. De toute façon, vous ne devriez pas rencontrer trop de problèmes le jour de l'épreuve.

Conclusion

Vous avez rencontré, au fil de ces pages, une large panoplie de tests que vous serez à même de retrouver dans vos recherches d'emploi. Vous avez maintenant une idée de vos capacités et de vos réactions ; vous serez dès lors capable d'affronter l'esprit plus tranquille des situations qui auraient pu vous prendre au dépourvu. La répétition de mêmes types de tests vous aura permis de vous familiariser avec les plus utilisés. Vous aurez pu constater, chemin faisant, qu'il fallait faire preuve non seulement de logique, mais aussi de souplesse d'esprit. Nous vous avons encouragé à trouver vos propres méthodes de travail et à développer agilité d'esprit, capacité à raisonner, faculté d'imagination. Vous saurez ainsi mieux analyser les tests et détecter les différents pièges tendus par leurs auteurs.

Ces épreuves fournissent au recruteur beaucoup d'informations sur les qualités des candidats, et si vous obtenez de bons résultats dans ceux demandés pour l'emploi postulé, vous ne devriez pas avoir trop de problèmes. Restera toujours ce qui ne dépend pas uniquement de vous : la part de chance et d'affinité avec l'examinateur. Sur cette part aléatoire, vous ne pouvez rien ; mais ayez confiance en vous : cela donne toujours une meilleure impression.

Pour ceux qui ont fait ces tests seulement pour le plaisir ou pour se rassurer sur leur niveau intellectuel, nous espérons qu'ils se sont bien amusés et que leurs résultats ont été probants.

Chantal de Séréville

Musclez votre Q.I.

200 questions pour déjouer tous les tests

Le Livre de Poche

Le Livre de Poche
Mémoire, mode d'emploi
70 tests ludiques pour l'améliorer
Chantal de Séréville
Vie quotidienne

Le Livre de Poche
Entraînez-vous aux
nouveaux tests
psychotechniques
Chantal de Séréville
Vie professionnelle

Découvrez votre moi caché

Chantal de Séréville & Élisabeth Chapelain

Le Livre de Poche

Le Livre de Poche

Les psychojeux

Découvrez votre vraie personnalité...

Chantal de Séréville
Élisabeth Chapelain

Vie quotidienne

Le Livre de Poche

Exercez-vous aux tests psychotechniques

Chantal de Séréville
Bernard Myers

Vie professionnelle

Composition réalisée par Nord Compo
Achevé d'imprimer en Espagne par Liberdúplex
Barcelone
Édition 01
Dépôt légal : 64022 -11/2005
LIBRAIRIE GÉNÉRALE FRANÇAISE - 31, rue de Fleurus - 75278 Paris Cedex 06
ISBN : 2 - 253 -13046 - x

30/1776/1